经济学学术前沿书系
ACADEMIC FRONTIER
ECONOMICS BOOK SERIES

特色农业产业集群与城乡融合发展研究

王瑾瑾◎著

经济日报出版社
北　京

图书在版编目（CIP）数据

特色农业产业集群与城乡融合发展研究 / 王瑾瑾著 . 北京：经济日报出版社，2025. 7. -- ISBN 978-7-5196-1593-2

Ⅰ. F323

中国国家版本馆 CIP 数据核字第 20254DX714 号

特色农业产业集群与城乡融合发展研究

TESE NONGYE CHANYE JIQUN YU CHENGXIANG RONGHE FAZHAN YANJIU

王瑾瑾　著

出　　版：经济日报出版社
地　　址：北京市西城区白纸坊东街 2 号院 6 号楼
邮　　编：100054
经　　销：全国各地新华书店
印　　刷：北京天宇星印刷厂
开　　本：710mm×1000mm　1/16
印　　张：11. 5
字　　数：174 千字
版　　次：2025 年 7 月第 1 版
印　　次：2025 年 7 月第 1 次
定　　价：58. 00 元

本社网址：www. edpbook. com. cn，微信公众号：经济日报出版社

前　言

在当前全球经济格局深度调整与我国乡村振兴战略全面推进的双重背景下，我国农业农村发展正迎来历史性转型与深刻变革，特色农业产业集群与城乡融合发展已成为学界与社会各界高度关注的焦点议题。这不仅关乎农业现代化的实现路径，更深刻影响着城乡关系的重塑以及区域经济的均衡协调发展。

当前，中国农业发展面临双重转型压力。一方面，传统小农经济模式难以适应市场化、规模化、绿色化的现代农业发展要求，农业供给侧结构性矛盾日益凸显；另一方面，城乡二元结构尚未完全打破，要素流动的“单向性”与资源配置的“城市偏向”依然制约着农业农村发展。在此背景下，特色农业产业集群将分散的农业生产环节有机整合，形成上下游紧密关联的产业链条，极大提升了农业产业的附加值与市场竞争力。特色农业产业集群不仅是农业现代化的有效载体，更是城乡融合发展的重要纽带。城乡融合发展本质上是要素配置机制的创新革命。研究显示，我国城乡要素流动正从“农村向城市单向输出”向“城乡双向互动”转变。城乡融合发展需要突破传统的空间界限与制度藩篱，构建起基于产业链、价值链、创新链的融合发展新范式。

本书正是在这样的时代召唤下应运而生。在深入调研与系统分析的基础上，我们试图从多学科视角出发，剖析特色农业产业集群与城乡融合发展之间错综复杂的内在联系与互动机制。一方面，探讨特色农业产业集群如何通过产业集聚、技术扩散、就业吸纳等途径，为城乡融合注入强劲动力；另一方面，研究城乡融合所营造的良好政策环境、基础设施条件以及人才流动氛围，又如何反哺特色农业产业集群的持续壮大与升级。

本书结构的安排按照“问题导向—机理分析—路径探索”的逻辑脉络。第一章阐述本研究的背景并对已有相关研究进行梳理；第二章和第三章分别梳理特色农业产业集群和城乡融合发展的理论基础；第四章和第五章分析我国特色农业产业集群和城乡融合发展的现状和问题；第六章揭示特色农业产业集群与城乡融合发展的关系；第七章阐述新疆特色农产品产业集群发展的情况；第八章和第九章分别从发展特色农业产业集群与城乡融合提出对策建议及构建政策制度保障体系；第十章对二者关系研究的结论和不足进行描述。本书这种递进式研究设计既注重理论深度，又强调实践价值，力求实现学术创新与现实关切的有机统一。

本书在撰写过程中，秉持严谨的学术态度，广泛借鉴国内外前沿研究成果，结合丰富的事实案例，力求做到理论与实践紧密结合。从特色农业产业集群的形成、发展模式，到城乡融合发展的评价指标、实现路径，每一个章节都是对这一重要课题的思考和探索。

然而，特色农业产业集群与城乡融合发展是一个动态演进且不断创新的领域，新问题、新现象层出不穷。本书虽已付梓，但我们深知这仅仅是对这一宏大主题研究的阶段性总结。希望本书能够为相关领域的研究者、政策制定者以及广大关心“三农”问题的人士提供有益的参考与启示，期待能够引发更多深入的探讨与交流，共同推动我国特色农业产业集群与城乡融合发展迈向新的高度。在后续研究中，我们将持续关注数字技术赋能、碳汇价值实现、乡村治理创新等前沿领域，推动研究成果的迭代升级与实践转化。

王瑾瑾

2025 年 5 月

目　录

1 绪 论

1.1 研究背景与意义

1.1.1 研究背景

在全球经济格局经历深度调整与重塑的当下，新一轮科技革命和产业变革正以前所未有的速度席卷而来，这一变革不仅深刻影响着工业和服务业，也对农业农村领域产生了广泛而深远的影响。国际上，各国都致力于农业现代化转型，通过发展特色农业产业集群来增强农业竞争力，以应对全球农产品市场竞争日趋激烈的局面。同时，随着经济全球化的不断深入，农产品贸易自由化的趋势不断加强，这不仅为中国特色农业产业集群带来了广阔的国际市场空间，也使其面临着国际同行的严峻挑战。

从国内政策导向来看，长期以来，我国始终坚定不移地将解决好“三农”问题置于全党工作的核心位置。自党的十九大正式提出乡村振兴战略以来，这一战略成为新时代“三农”工作的总抓手。在这一战略体系中，促进城乡融合发展被视为关键任务之一，其核心目标在于打破长期存在的城乡二元结构壁垒，构建起城乡要素平等交换、双向流动以及公共资源均衡配置的长效机制。特色农业产业集群作为实现农业现代化的重要组织形态，因其能够有效整合农业生产要素、提升农业产业附加值、促进农民增收致富，成为各地落实乡村振兴战略、推动农业农村高质量发展的重要着力点，受到了从中央到地方各级政府的大力扶持与政策倾斜。一系列鼓励政策不断出台，涵盖财政补贴、金融支持、税收优惠、土地流转等多个方面，为特色农业产业集群的发展创造了良好的政策环境。

就当前产业发展形势而言，伴随着我国农业产业化进程的不断加快，各地充分依托自身独特的自然资源禀赋、深厚的历史文化底蕴和精准的市场需求研判，成功培育和发展了一大批特色鲜明、类型丰富的农业产业集群，农业产业发展呈现出良好的态势。这些产业集群涵盖了水果、蔬菜、花卉、茶叶、中药材、畜牧水产等众多领域，成为拉动区域农业经济增长的新引擎，在全国各地的发展中，这些产业集群的发展势头十分强劲。以陕西洛川苹果产业集群为例，通过聚集上下游企业，如种植、加工、销售、物流等，以及科研院校、技术推广机构、行业协会等服务机构，在当地形成了苹果产业集群。不仅实现了苹果产量和品质的双提升，还成功打造了具有国际影响力的苹果品牌，极大提升了本土苹果产业在国内外市场的竞争力。但特色农业产业集群蓬勃发展的背后，也面临着许多现实问题，需要我们认真研究，不断完善和优化，不断提高农业产业的竞争力。一方面，随着市场需求的日益多样化和个性化，如何进一步拓展市场空间、精准对接市场需求，成为产业集群持续发展的关键问题；另一方面，在产业链延伸上，尽管部分产业集群在初级农产品加工领域取得了一定进展，但在高附加值产品研发、品牌塑造与营销、农业与二三产业深度融合等方面仍存在明显不足，产业链条短、附加值低的问题较为突出。此外，在与城市产业协同发展方面，由于城乡产业布局缺乏有效统筹，要素流动不畅，利益联结机制不健全，特色农业产业集群对城市产业的带动作用、城市产业对农业产业的反哺作用等，都未能充分发挥，城乡产业之间未能形成紧密的协同关系，这是当前我国城乡产业发展面临的主要问题。

在城乡关系领域，近年来我国城镇化率呈现出稳步提升的良好态势，城市规模不断扩张，城市经济持续繁荣。然而，城乡发展不平衡不充分的矛盾依然十分尖锐。城市凭借其在资金、技术、人才、信息等方面的绝对优势，在经济、科技、教育、文化等诸多领域占据主导地位，发展水平日新月异。而农村地区在基础设施建设方面，道路、水电、通信等基础设施相对薄弱，严重制约了农村经济社会的发展；在公共服务供给上，教育、医疗、养老等公共服务资源匮乏，与城市相比存在巨大差距；在人才储备方面，由于农村发展机会有限、生活条件相对艰苦，导致大量农村青壮年劳动力和高素质人才外流，农村人才短缺问题日益严重。这种城乡发展差距不仅影响了农村居民的生活质量和幸福感，也制约了我国经济社会的整体协调发展。在此严峻形势下，积极探索特色农业产业集群与城乡融合发展的有效路径，通过特色农业产业集群的发展带动农村经济繁荣，促进城乡资源共享、优势互补，实现城乡共同繁荣，已成为解决我国城乡发展不平衡不充分问题的当务之急。

1.1.2 研究意义

理论意义：目前学术界对于特色农业产业集群与城乡融合发展的系统性研究尚显匮乏。现有研究大多局限于特色农业产业集群或城乡融合发展的单一领域，缺乏将二者有机结合进行深入探究的综合性研究。在特色农业产业集群研究方面，主要聚焦于产业集群的形成机制、发展模式、竞争力提升等方面，而对其在促进城乡融合发展过程中的作用机制与内在逻辑缺乏足够关注；在城乡融合发展研究中，更多侧重于从宏观政策、制度层面以及城乡空间布局、人口流动等角度进行探讨，较少涉及特色农业产业集群这一关键因素对城乡融合的影响。本研究旨在通过构建特色农业产业集群与城乡融合发展的有机联系理论框架，深入剖析二者之间的互动机制与作用路径，这将极大地丰富农业经济学、区域经济学以及城乡发展理论的内涵。具体而言，在农业经济学领域，有助于进一步完善农业产业组织理论，揭示特色农业产业集群在优化农业产业结构、提升农业产业效益方面的独特作用；在区域经济学范畴，能够为区域产业协同发展理论提供新的研究视角，阐明特色农业产业集群如何促进城乡产业协同发展，实现区域经济协调发展；在城乡发展理论方面，将填补特色农业产业集群与城乡融合发展关系研究的空白，为深入理解城乡融合发展的内在规律提供新的理论支撑，从而推动相关学科体系的不断完善与发展，为后续学者开展相关研究提供全新的思路与方法借鉴。

现实意义：本成果具有重要的应用价值。通过深入研究特色农业产业集群对城乡融合的作用，为地方政府制定科学、合理、可行的农业产业政策和城乡规划提供坚实的理论依据和现实支撑。在农业产业政策制定方面，为地方政府精准发力，加大特色农业产业集群扶持力度，优化资源配置，聚集更多资金、技术、人才等要素提供了理论依据。在特色农业产业集群发展过程中，地方政府能够清晰地认识到特色农业产业集群在产业链延伸、市场开拓、品牌创建等方面存在的薄弱环节。加强特色农业产业集群扶持政策，引导特色农业产业集群高端化、智能化、绿色化发展，提升产业发展的质量和效益；在城乡发展规划中运用研究成果，帮助地方政府考虑特色农业产业集群与城市产业的协同关系，优化城乡产业布局，加强城乡基础设施互联互通，促进城乡公共服务均等化，推动城乡融合发展。通过特色农业产业集群带动农村经济发展，增加农民收入，缩小城乡收入差距；促进城乡产业、人才、技术、信息等资源深度融合，实现城乡资源共享、优势互补，推动城乡一体化进程。这对于我国全面建设社会主义现代化国家、实现共同富裕目标具有重要的实践指导价值，将为我国经济社会的可持续发展提供强大的动力。

1.2 国内外研究现状综述

1.2.1 特色农业产业集群研究进展

对于产业集群的研究起源较早，最初的理论主要应用于工业领域。随着研究的深入，学者们开始将产业集群的概念引入农业领域。马歇尔（Alfred Marshall）的外部经济理论为农业产业集群的研究奠定了基础，他指出产业集聚能够带来外部规模经济，包括知识溢出、专业化劳动力市场和中间投入品共享等优势。在特色农业产业集群中，这些优势同样显著。

关于特色农业的研究。许敏兰和余铭轩（2024）认为特色农业是乡村产业振兴的重要路径，贫困源于农户能力、权利、精神等方面的匮乏，特色农业发展能缓解农户多维相对贫困，存在能力循环累积、要素优化配置、精神素养提升等效应，且有农户和区域异质性[1]。中国特色农业强国是基于我国国情农情提出的农业发展战略，是兼顾国内农业发展特殊个性与国际农业现代化普遍共性的创新探索，更是全面建设社会主义现代化国家的重要支撑[2]。

关于特色农业集群的内涵的研究。Rostow（1990）主要依据西方经济史的演变进行研究，其研究结论为特色农业的发展将直接或间接影响着国民经济的增长，同时特色主导农业对产业结构调整及其演变趋势起着决定性的作用[3]。Humphrey&Schmitz（2002）和 Sydow J（2010）表示产业链上的关联企业和相关产业通过发挥地理位置上的邻近优势，有利于培育和发展特色产业集群[4][5]。Chunyu（2022）认为特色农业是提升农产品竞争力、促进农业产业增值的重要举措。发展特色农业是调整农业生产结构、转变农业生产方式的有效途径[6]。胥亚男和李二玲（2024）认为农业产业集群因具有多维邻近性和产业融合特征，其知识基础的内在属性决定了特色农业集群技术创新模式，进而决定集群演化中技术创新网络结构特征和演化路径[7]。罗永乐（2024）认为特色农业产业集群是提升区域农业竞争力的有效途径，其形成的“六力”动力机制模型包括资源禀赋的吸引力、农民专业合作经济组织的聚合力、龙头企业的带动力、专业市场的辐射力、关联产业体系的协同力、地方政府的引导力[8]。

关于特色农业集群的测度和特色农业发展的影响因素的研究。一是 Mizobe&Kuchiki（2011）[9]运用流程图模型来衡量莫桑比克纳卡拉走廊地区的农产品加工业集群的水平。另一种偏定量的测度方法主要包括区位熵、空间基尼系数、行业集中度指数等。Haggett（1966）[10]最早提出并引入区位熵这一指标，来评估某一地区产业的集中化程度。Krugman（1990）首次将空间基尼系数应用于美国制造业集聚度的研究中[11]。Ellison&Edward（1997）通过 EG 指数反映了企业的异质性，此指数被用来度量行业的聚集程度[12]。

戴志强等（2024）使用 Dagum 基尼系数、KerneL 密度分析及 Markov 链分析方法，考察中国特色农业发展水平的空间分布格局和动态演进特征，发现中国特色农业发展水平稳定提升但存在显著空间分布差异，区域间差异是总体差异的主要来源且不断扩大，存在“俱乐部”趋同现象和较强空间依赖性等[13]。马艳等（2024）以云南省为研究区，运用 critic 法-

熵权组合法赋权建立综合评价体系，可分析云南省高原特色农业绿色发展水平，发现2011—2020年各州市农业绿色发展综合指数提升，中部和东部较好，西北和南部较差，子系统耦合程度和协调程度不断演变[14]。朱思吉等（2024）运用能值分析法，可定量测度2000—2020年云南省高原特色农业生态经济系统的近远程耦合关系及可持续发展能力，发现系统经济社会效益提高但生态环境效益下降，近远程要素能值比增长，系统由近程耦合主导向远程耦合转变，可持续发展能力面临衰退风险[15]。俞燕和李艳军（2015）通过分析发现影响特色农业集群区域品牌形成的基础因素是地理资源禀赋和政府支持，核心驱动力是区域文化和供应链品牌协作[16]。

关于特色农业发展的对策建议的研究。戴志强等（2024）建议各省份应基于区域特色农业资源禀赋，加大特色农业资源优势挖掘力度；强化特色农业科技创新，增强特色农业资源综合利用效果；提高特色农产品竞争力，优化特色农业支撑保障体系，因地制宜推动特色农业高质量发展[13]。吴春等（2024）提出立足全产业链做好绿色发展的顶层设计与布局规划，做好循环融合生产，推进面源污染治理，加强技术研发和成果推广，加快数字化技术应用，通过体制机制创新等构建保障措施，推动特色产业绿色发展[17]。张永旺和赵敏娟（2024）认为有选择性地实施功能性财政支持，实施普惠性支出，加大特色农业科技投入，培育提升特色农业市场化水平和合作化水平，促进黄河流域特色农业高质量发展[18]。蔡海龙（2024）认为构建强大的特色农业产业链、增强特色农业产业带动能力、推动特色农业产业生态化绿色化转型、推动特色农业产业品质化品牌化拓展，助推乡村全面振兴[19]。张辉（2024）建议实施稳产保供固本工程、乡村产业全链工程、和美乡村建设工程等工程项目，推进中国特色农业农村现代化[20]。

1.2.2　城乡融合发展研究动态

对于城乡融合发展的理论探索，国外可追溯到19世纪，空想社会主义者如欧文、傅立叶等提出了理想社会的构想，其中包含了城乡协调发展、均衡布局的思想雏形，为后来的城乡融合理论奠定了一定基础。霍华德

（Ebenezer Howard）在20世纪初提出的“田园城市”理论，倡导将城市生活的优点与乡村的自然环境相结合，通过合理规划人口规模、产业布局和基础设施建设，构建一种兼具城乡优势的新型聚居形态，这是早期对城乡融合较为系统的理论阐述，其核心思想影响了后续诸多城乡发展理论的形成与发展。

20世纪中叶以后，随着城市化进程的加速，城乡关系变得更为复杂。芒福德（Lewis Mumford）提出“城乡连续统一体”概念，强调城乡之间并非孤立存在，而是在经济、社会、文化等各个方面存在着紧密的联系和相互作用，是一个连续发展的有机整体，突破了传统城乡二元分割的观念。此后，“城乡融合”（Urban-rural Integration）概念逐渐明晰，学者们从不同角度对其内涵进行拓展，不仅关注城乡空间形态上的融合，更深入探讨城乡要素流动、资源共享、产业协同以及社会公平等多维度的融合机制与路径。

通过对国内外关于城乡融合发展现有研究的梳理发现，其研究重点主要集中在城乡融合发展的内涵、城乡融合发展水平评价和城乡融合发展影响因素等方面。

在19世纪中叶，马克思与恩格斯从唯物主义的观点出发，提出了城乡融合是今后社会发展的必然方向。Ranis&Fei（1961）的研究进一步阐释了城乡融合的核心目标，即实现工业与农业的和谐共进，并详细解析了城乡经济结构由二元向一元的渐进转变过程。进入20世纪70年代，国外学者开始更多地从城乡间的“流动”与“联系”这一新颖视角，深入探讨和诠释城乡融合发展的动态过程与深刻内涵。他们尤其关注资金、人口、技术、信息及能源等关键生产要素在城乡间的流动情况，并对此进行了详尽的阐述[21]。Funnell（1988）选择地理因素作为切入点，在此基础上发现城乡之间的联系应跳脱出城市偏向理论，引入新的联系分析内容，并着重表明城乡空间和经济结构变化会对城乡关系起联结作用[22]。Lynch（2005）基于资源流、人流以及资金流，对发展中国家的城乡间的互动进行了详细论述[23]。Chen et al.（2020）的研究指出城乡发展要素有自由流动和平等交换，在此基础上实现城乡发展要素收益的趋同[24]。

国内城乡融合发展的研究与国家政策导向紧密相连。自改革开放以来，随着我国工业化和城市化进程的加速，城乡二元结构矛盾日益凸显，城乡融合发展逐渐成为学术界和政策制定者关注的焦点。特别是近年来，随着乡村振兴战略、新型城镇化战略等国家重大战略的实施，学者们围绕这些政策背景展开了大量的理论研究，探讨城乡融合发展的内涵、目标、任务以及实现路径等问题。王娟娟和郭凯雯（2025）认为城乡融合发展需要以统筹推进新型城镇化和乡村全面振兴来促进，其中制度保障是根本保障，推进产业数字化和创新制度安排是重点[25]。金文成等（2025）认为城乡融合发展要将城镇化与工业化、乡村振兴紧密结合，因地制宜探索各具特色的模式路径，在县域从根本上破除城乡二元结构，实现同城同域同权[26]。周晔等（2025）认为城乡融合发展是指在县级行政区划范围内，以政府为主导，以培养全面发展的人为根本目的，通过促进城乡教育资源的优势互补、教育体系的差异化整合及教育要素的自由流动，构建城乡教育相互促进、协同发展的新态势[27]。吴丰华和温慧（2025）认为以城乡间充分分工协作、要素双向流动和平等交换、城乡差距缩小且发展均衡、城乡多维二元结构破解为主要特征，以形成工农互促、城乡互补、共同繁荣的城乡关系为主要目标[28]。

关于城乡融合发展的评价指标和评价方法的研究。在国际学术界中，关于“城乡融合”的概念并不常见，通常被表述为“urban-rural linkage”“urban-rural integration”等术语。同时定量研究较少，大部分研究集中于城乡之间的相互联系和互动。这些研究的评价对象通常单一而具体，主要关注城乡福利、城乡人力资本差距、城乡农业发展、城乡医疗服务等方面，探讨目前西方国家城乡关系中的根本性问题。Seal（2013）从组织战略出发，通过对比美国城乡社会的福利制度来研究和探讨城乡福利制度实施的变化[29]。Zarifa et al.（2019）在研究当代城乡人力资本差异的过程中，聚焦于识字和识数技能的完善措施，总结提出需要加强农村地区的中学后教育[30]。Boudet（2020）选择城乡连通性与农业土地管理的关系作为研究对象，通过联系城市化进程和农业管理进行分析，得出有利于提高城乡农业的发展质量的结论[31]。Baier et al.（2020）的研究主要围绕德国城乡地区获得保健方面的社会和区域不平等问题，其中有着明显作用的是区域类型和医生群体[32]。

学者们对城乡融合发展的评价指标体系进行了探索和构建，从经济融合、社会融合、空间融合、生态融合、治理融合等多个维度选取指标，运用定量分析方法对城乡融合发展水平进行测度和评价，为制定科学合理的城乡融合发展政策提供依据和参考，推动城乡融合发展理论研究向实践应用的转化。为了评价城乡融合发展水平，大多数学者构建了“人口—社会—经济—空间—生态”的指标体系［曾鹏和曾怒娇（2025）；于雪霞等（2025）］。也有学者从人口融合、经济融合、社会融合、生态融合四个维度构建评价指标体系［孙虹（2025）］。在评价方法的选择方面，熵值法［孙虹（2025）、于雪霞等（2025）、赵翠萍等（2025）］、耦合协调度模型［徐雪和王永瑜（2025）；高杨等（2025）；孟维福等（2024）；赵翠萍等（2025）］、核密度估计［于雪霞等（2025）；徐雪和王永瑜（2025）；高杨等（2025）；郝智娟等（2025）；刘汉辉（2025）；黄静静（2025）］、Dagum 基尼系数［徐雪和王永瑜（2025）；刘汉辉（2025）；黄静静（2025）］、σ 收敛模型、β 收敛模型［刘汉辉（2025）；徐雪和王永瑜（2025）］、地理探测器等都是常用的评价方法[34-42]。

关于城乡融合发展的影响因素研究。学者更多地采用实证分析方法从区域差异、要素流动、产业结构、数字经济、新质生产力等方面展开研究。第一是区域差异。国内学者针对不同地区的城乡融合发展实践进行了大量的实证研究和案例分析。东部发达地区由于经济基础雄厚、城市化水平高，在城乡融合发展方面具有一定的先发优势，如长三角、珠三角地区通过产业转移、城乡基础设施一体化建设、公共服务均等化推进等措施，实现了城乡之间在经济、社会、生活等方面的高度融合发展。中国城乡融合发展水平在空间上呈现明显的“东部高、中部次之、西部最低”的格局[35][41]［刘汉辉（2025）；孙虹（2025）］。区域间差异是中国城乡融合发展整体差异的主要来源[41]［刘汉辉（2025）］。第二是要素流动，包括人口要素流动、土地要素流动、资本要素流动均对城乡融合发展产生显著的正向影响，其中人口要素流动驱动作用最大[43]［杨婕等（2025）］。第三是产业结构的发展，产业结构在数字经济促进城乡融合中起到正向的中介作用[44]［刘合光等（2025）］。第四是数字经济的出现与发展，数字经济能够有效推动中国式现代化城乡融合发展，通过推动产业结构升级、提高科技创新水平、促进基本公共服务均等化间接驱动县域城乡高质量融合[25][45]［王娟娟和郭凯雯（2025）；张笑菡（2025）］。第五是新质生产力的出现与发展，新质生产力能够显著促进城乡融合发展，可以通过提升就业质量和提高创业活力两条重要渠道促进城乡融合发展[46]［黄庆华和潘婷（2025）］。除此之外，还有其他因素：财政支农水平、城镇化水平、经济发展水平、产业结构高级化、对外开放度是驱动长三角城市群城乡融合发展的重要因素[47]［张亚丽等（2025）］。信息传播、技术创新、交通运输、政府调控与市场配置因素对城乡融合发展具有驱动作用[42]［黄静静（2025）］。

1.2.3 特色农业产业集群与城乡融合发展的关系研究

关于特色农业产业集群与城乡融合发展的研究较少，直接研究二者关系的主要是1篇硕士论文[48]，通过构建县域城乡融合发展指标体系，对茶产业集群对县域城乡融合发展的影响进行实证研究。其余研究集中在特色农业发展对乡村振兴的促进作用[49]，以及特色农业发展对当地经济发展的积极作用方面[50][51]。

1.2.4 研究评述

梳理关于特色农业产业集群与城乡融合发展的现有国内外研究动态后发现，国内外对于城乡融合发展的研究已经取得了较为丰硕的成果，从理论基础、概念内涵、实证案例、要素流动、制度政策等多个方面进行了深入探讨，为进一步推动城乡融合发展提供了丰富的理论支撑和实践经验借鉴。

然而，目前的研究仍存在一些不足之处。在理论研究方面，虽然已经构建了较为系统的城乡融合发展理论体系，但对于城乡融合发展的一些深层次理论问题，如城乡融合发展的阶段划分与特征识别、城乡融合发展的内在逻辑与规律等，还需要进一步深入研究和完善。

实证研究方面，现有研究主要集中在城乡一体化发展水平的测度和影响因素分析，对城乡一体化发展过程中的动态变化、传导机制以及政策实施效果评估等研究还比较薄弱，需要加强长期跟踪监测和深入实证分析。

在研究方法上，目前多采用定性与定量分析相结合的方法，但对一些新兴研究方法，如空间计量分析、复杂网络分析、大数据分析等在城乡一体化发展研究中的应用还不够广泛，需要在研究方法上进一步拓展创新，提高研究的科学性和准确性。

此外，随着全球经济一体化、信息技术快速发展以及社会环境的不断变化，城乡融合发展面临着新的机遇和挑战，如数字经济时代城乡产业融合的新模式、新型城镇化背景下城乡人口流动的新趋势、生态文明建设要求下城乡生态融合的新路径等问题，都需要学术界和政策制定者给予更多的关注和深入研究，以不断丰富和完善城乡融合发展的理论与实践，为实现城乡全面、协调、可持续融合发展提供更加有力的支持。

1.3 研究目标、方法与创新点

1.3.1 研究目标

此次研究聚焦于特色农业产业集群与城乡一体化发展这一复杂而关键的课题，旨在对二者内在联系和互动机制进行深入剖析，研究成果具有较强的针对性。核心问题在于如何通过特色农业产业集群的培育发展，有效促进城乡在经济、社会、空间等多维度的深度融合。预期成果是为阐释特色农业产业集群促进城乡融合的作用路径，构建一套系统的、具有实践指导意义的理论框架，为实现农业增效、农村繁荣和城市带动农村发展的良性循环，缩小城乡差距，提升城乡整体发展质量，提出针对性的政策建议，帮助地方政府和有关部门制定科学合理的发展战略。

1.3.2 研究方法

本研究综合运用多种研究方法，确保研究的全面性与科学性。

（1）文献研究法

广泛收集国内外关于特色农业产业集群、城乡融合发展的学术文献、政策文件等资料，梳理已有研究成果与实践经验，明确研究现状与不足，为研究提供坚实的理论基础。

（2）实证分析法

选取具有代表性的地区作为研究案例，通过实地调研、问卷调查、访谈等方式收集一手数据，运用统计分析方法与计量模型，对特色农业产业集群与城乡融合发展的相关指标进行量化分析，验证理论假设，揭示二者之间的数量关系与发展规律。

（3）比较研究法

对比不同地区特色农业产业集群发展模式及其对城乡融合的影响，总结成功经验与失败教训，找出影响二者协同发展的关键因素，为其他地区提供借鉴。

（4）系统分析法

将特色农业产业集群与城乡融合视为一个有机整体，从系统的角度分析其内部各要素之间的相互关系与作用机制，综合考虑经济、社会、生态等多方面因素，提出全面、系统的发展策略。

1.3.3 可能的创新点

（1）理论创新

突破传统将特色农业产业集群与城乡融合发展孤立研究的局限，构建二者互动融合的全新理论体系，丰富和完善农业经济学、区域经济学以及城乡发展理论。深入剖析特色农业产业集群在城乡要素流动、产业协同、空间重构等方面的独特作用，为理解城乡融合发展提供新的理论视角。

（2）方法创新

在研究方法上，采用多维度数据融合与跨学科研究方法。整合经济学、社会学、地理学等多学科理论与方法，将定量分析与定性分析相结合，通过构建综合评价指标体系，全面分析特色农业产业集群与城乡融合发展的时空演变特征与内在机制，提高研究结果的可靠性与解释力。

（3）实践创新

基于研究成果，提出具有创新性与可操作性的政策建议与实践模式。结合地方实际情况，探索特色农业产业集群与城乡融合发展的新型合作机制、利益分配模式以及空间规划策略，为地方政府推动城乡一体化发展提供切实可行的实践方案，促进区域经济社会可持续发展。

2 特色农业产业集群的理论基础

2.1 产业集群理论溯源

2.1.1 古典经济学中的产业集聚思想

（1）古典经济学产业集聚思想的起源

在古典经济学时期，亚当·斯密的分工理论可以看作是产业集聚思想的萌芽，斯密在《国富论》中就着重强调了分工的重要性。他认为，由于分工使工人的技能更加熟练，减少了工作转换的时间浪费，同时有利于发明和应用机器，因此分工可以提高劳动生产力。

当一个区域内的企业以分工为基础开展生产活动时，就容易形成产业聚集。在针厂的例子中，不同的工人完成抽铁线、拉直、截断等不同的工序，如果集中在一定的地理区域，这种分工协作会逐渐吸引相关的上下游产业。如为制针厂提供原材料的供应商和销售针具的商人也会在附近聚集，因为这样可以降低运输成本和信息沟通成本。

（2）大卫·李嘉图（David Ricardo）的比较优势理论与产业集聚

李嘉图的比较优势理论主要是国际贸易，但也对产业集聚有潜在影响，他指出，各国应根据比较优势进行生产和交换，各国专门生产本国具有比较优势的产品。

从产业集聚的角度看，在一个国家或地区内部，不同的区域会根据自身比较优势发展产业，例如一个煤炭资源丰富的地区，可能会集聚大量的煤炭开采和煤炭加工产业。因为它在煤炭相关行业中生产成本相对其他地区来说是比较低的，可以获得比较优势，这种产业选择和聚集，是建立在比较优势基础上的，有利于有效地配置资源。

（3）古典经济学产业集聚思想的局限性和后续发展

古典经济学的产业集聚思想在当时的历史条件下有其先进性，但也存在局限性。例如，它对产业集聚过程中的动态变化、技术创新的复杂性以及政府在产业集聚中的作用等方面的分析不够深入。

随着经济理论的发展，新经济地理学等理论在古典经济学产业集聚思想的基础上，进一步研究了产业集聚的规模报酬递增、运输成本、市场需求等因素，并且更加注重数学模型的构建，使得对产业集聚现象的分析更加精确和深入。

2.1.2 马歇尔的产业区理论

马歇尔是第一个比较系统地研究产业集聚现象的经济学家。他提出了产业区（industrial district）的概念。在产业区内，存在大量的中小企业，它们之间相互协作。

马歇尔从三个方面解释了产业集聚的原因，即知识外溢、中间投入品共享和劳动力共享。知识外溢是指企业在地理上的邻近使得技术和管理经验等知识能够在企业之间快速传播。例如，在一个机械制造产业区内，一家企业采用了新的加工工艺，通过人员流动、企业间的交流等方式，其他企业也能很快地了解并可能采用这种新工艺。

中间投入品共享是指集聚区内的企业共享中间投入品的供应商，降低采购成本，并且供应商可基于集聚区企业的需求提供专业化服务。如纺织产业区的众多纺织企业可共享染料、纺织机械等中间投入品的供应商。

劳动力共享是指产业集聚能够提供一个共享的劳动力市场。不同企业之间的工人可以在不同企业之间流动，企业更容易找到符合自己要求的劳动力。比如在一个软件产业集聚地，程序员可以在不同的软件公司之间寻找自己想要的工作机会，企业也可以在这个劳动力市场中找到自己所需要的软件专业人才。

2.1.3 波特的竞争优势理论与产业集群

（1）波特竞争优势理论概述

迈克尔·波特（Michael E. Porter）在1990年出版的《国家竞争优势》一书中提出了著名的“钻石模型”。这个模型包括四个关键要素：生产要素、需求条件、相关与支持性产业、企业战略、结构和同业竞争，以及两个辅助要素：政府和机遇。

生产要素分为初级生产要素（如天然资源、气候、地理位置等）和高级生产要素（如人力资源、知识资源、资本资源等）。波特认为高级生产要素对竞争优势的获取更为重要。需求条件主要关注本国市场的需求结构、规模和成长率等，挑剔的国内顾客能够促使企业不断改进产品质量和服务。相关与支持性产业是指企业的上下游产业，它们之间的紧密合作可以提升企业的竞争力。企业战略、结构和同业竞争强调企业的管理模式、组织结构和国内竞争环境对企业竞争优势的影响。

（2）产业集群在波特理论中的定义与特点

波特认为产业集群是在特定领域内相互联系的公司和机构的集合，集中在地理位置上，这些公司和机构包括企业、相关服务供应商、金融机构、科研机构等，涵盖了上下游产业。

产业集群具有地理集中性的特点，如美国硅谷就是典型的产业集群，英特尔、苹果等众多高科技企业集中在这一区域，地理上的接近使得企业之间的沟通与合作更加便捷，运输成本、沟通成本等交易成本也随之降低。

企业与机构在产业集群中有紧密的产业关联，汽车生产企业与零部件供应商、汽车设计公司、汽车金融公司等在一个汽车产业集群中紧密合作，相互间的关系是非常紧密的。零部件供应商能够根据汽车制造商的生产计划及时提供高质量的零部件，设计公司可以与制造商共同开发新车型，财务公司则为消费者和企业提供资金支持。

（3）产业集群与竞争优势的内在联系

提升生产要素质量：在产业集群中，人才、知识等高级生产要素可以得到更有效的利用和优化。以高校科研机构与企业的合作为例，在生物制药产业集群中，邻近高校可为企业提供最新的科研成果，企业为高校提供科研经费和实践场所，这种产学研合作可以加快知识转化和人才培养，促进人才资源素质的提升，也可以促进产业集群中知识资源的积累。

优化需求条件：产业集群能够创造更有利的需求条件，集群内企业的聚集能够吸引更多的客户，形成更大规模的市场，同时由于企业之间竞争激烈，产品和服务质量不断提升，也能够塑造更挑剔的本地客户群体，促使企业进一步创新，这是一种新的选择。比如，在时装产业集群，消费者可以将众多品牌的服装在一个区域内进行比较，而这种竞争环境促使企业为了满足消费者的需求，不断推出新的款式和设计。

加强相关与支持性产业合作：产业集群内的相关和支持性产业之间，上下游企业之间能够建立长期稳定的合作关系，实现供应链协同优化，比如，电子产业集群中的芯片制造商和电子产品组装企业之间，通过紧密合作，实行准时化生产，减少库存成本和生产周期，提高整个产业链的效率。

聚焦企业战略结构，推动同业良性发展：产业集群内企业互相学习借鉴其他企业的战略与结构，同时以集群内企业的差异化竞争战略不断推动整个集群的发展，如：软件产业集群，企业不断调整自身组织结构，采用更加灵活的项目管理方式，在产品功能、质量等方面进行竞争。

（4）政府在产业集群和竞争优势中的作用

波特认为政府是集群的构成要素之一，政府可以通过改善基础设施，如高速公路、宽带网络、电信设施等，为集群内的企业创造良好的外部环境，例如在工业园区建设高速宽带网络，方便高科技企业的数据传输和信息交流。

政府也可以通过政策引导，对企业的创新和产业集群升级给予一定税收优惠或研发补贴，如对新能源汽车企业减免税收、提供研发补贴等，鼓励企业加大对电池技术、自动驾驶技术等领域的研发投入，提升整个产业集群的技术水平和竞争优势。

2.2 特色农业产业集群的内涵、特征与类型

2.2.1 内涵界定

（1）特色农业产业集群的内涵

特色农业产业集群是指在特定区域内，围绕某一具有独特资源禀赋或鲜明地域特色的农产品或农业产业，众多相互关联的农业生产经营主体（包括农户、农业企业、农业合作社等）、服务机构（如农业科研单位、金融机构、物流企业等）以及相关政府部门，在空间上集聚形成的有机整体。

例如，在新疆吐鲁番地区的葡萄产业集群，当地农户从事葡萄种植，葡萄酒企业进行葡萄加工酿造，同时有科研机构研究葡萄种植技术和葡萄酒酿造工艺，物流企业负责将葡萄和葡萄酒运输到市场，这些主体相互协作，形成了一个围绕葡萄产业的集群。

（2）与传统农业集群的区别

从资源禀赋依赖程度看，特色农业产业集群高度依赖特定的资源禀赋，这种资源禀赋可能是特有的自然条件，如特殊的土壤、气候、水源等，具有一定的天然条件。以云南普洱茶产业集群为例，得天独厚的自然条件是形成普洱茶产业集群的基础，云南大叶种茶树适宜生长在云南的酸性土壤中，也适合生长在亚热带气候中。而且，当地的茶文化等人文资源也为产业集群增添了特色，形成了从茶叶种植、加工、销售到茶文化旅游的完整产业链。

传统农业集群虽然也依赖于一定的自然资源，但相对来说对特殊资源禀赋的依赖程度较低，传统农业集群更多的是建立在土地较为平整、水源充足等一般农业生产条件的基础上。比如，在一些平原地区的粮食种植集群，主要是利用广袤的土地和便利的灌溉条件，种植小麦、玉米等常见农作物，其生产的农产品从品种和品质特征上看，相对没有那么突出。

从产品差异化程度看，特色农业产业集群产品差异化明显，这种差异

化表现在产品品种、品质、功能等多个方面。以蓝莓产业集群为例，其生产的蓝莓是经过特殊品种选育而成，品质上富含花青素等更高营养成分，可以开发出蓝莓汁、蓝莓干、蓝莓保健品等多种不同功能的产品。这些特色产品在市场上具有很强的竞争力，能够满足消费者对农产品高品质、个性化的需求。

传统农业集群产品差异化程度较低，主要生产一些同质化的农产品，如普通大米、蔬菜等，这些农产品品种和功能相对单一，市场竞争主要依赖价格因素，在产品附加值提升方面面临较大挑战。

从产业链延伸程度看，特色农业产业集群的产业链通常有更广泛的延伸，除了农产品种植、初加工外，还会向深加工、农产品旅游、文化创意等诸多领域深入。比如，在赣南脐橙产业集群，除了脐橙种植和简单的果汁加工，还发展了脐橙采摘旅游、脐橙主题文化节庆典活动，以及利用脐橙表皮加工成香精、护肤品等，产业链的延伸让产业集群内的各个主体都能获得更多增值机会。

传统农业集群的产业链延伸相对有限，主要集中在农产品种植和简单加工环节，如粮食种植集群主要是将粮食收割后进行简单烘干、脱壳等初加工，而对于深加工等领域的拓展相对不足，造成产业附加值不高。

从技术创新和品牌建设需求来看，特色农业产业集群对技术创新和品牌建设要求更高，由于其产品差异化、产业链延伸的特点，在种植技术、加工工艺等方面需要不断创新，才能保持产品的特色和优势。比如有机肥、生物防治病虫害等新技术，需要在有机蔬菜产业集群中不断研发。同时，品牌建设必不可少，“五常大米”品牌等产品的特色和地域优势可以通过品牌塑造得以凸显，其产品通过品牌宣传可以获得市场上较高的价格和市场占有率。

传统农业集群在技术创新和品牌建设方面相对滞后，传统农业集群更注重农产品产量的稳定，在技术创新方面投入相对较少，主要采用一些常规农业技术。品牌建设意识也较淡薄，部分传统农产品进入市场往往存在着原料形式、品牌附加值不足等问题。

2.2.2 特征分析

（1）地域特征

地理集中性：特色农业产业集群在地理空间上呈现明显的集中分布，这种集中以特定的地域条件为基础，如特有的土壤、气候、地形等自然因素。如山东寿光蔬菜产业集群，寿光地处平原，土壤肥沃，气候适宜蔬菜种植，众多蔬菜种植户、蔬菜加工企业、蔬菜销售公司集中在寿光及其周边地区，寿光蔬菜产业集群发展前景广阔。这种地理集中有利于降低运输成本，便于基础设施建设和共享，也有利于促进农业技术的传播。

地域文化关联性：特色农业产业集群与当地地域文化紧密相连，地域文化包含传统农耕文化、饮食文化、民俗文化等诸多方面，以贵州茅台镇白酒产业集群为例，茅台镇酿酒历史悠久，酿酒文化独特，是当地传统的特色农业产业集群。当地酿酒工艺经过几代人的传承和发展，这种文化底蕴不仅体现在白酒的酿造过程中，还体现在品牌故事、营销活动等多个环节，地域文化为特色农业产业集群增添了文化内涵，有助于提升产品的文化附加值。

（2）产业特征

特色资源依赖性：特色农业产业集群对特定农业资源的依赖性很强，这些资源可以是农产品的珍稀品种、农业生态环境的特殊性，等等，比如阳澄湖大闸蟹产业集群，就是依托阳澄湖特有的水域生态环境，包括湖水的水质、湖底的地质构造，等等。这种依赖性使得产业集群内的农产品具有不可复制的品质优势，同时也要求对资源进行合理保护和可持续利用。

产业关联性强：特色农业产业集群内的产业关联性较强，从农业生产上游（如种子、化肥、农药供应）到中游（农产品种植、养殖）再到下游（农产品加工、销售、旅游等），各个环节紧密配合，协同推进。以广西蔗糖产业集群为例，甘蔗种植户为糖厂提供原料，糖厂生产的糖为食品加工企业提供原料，同时围绕蔗糖产业还可开展甘蔗种植、体验旅游等项目，产业间相互依存，相互促进，形成完整的产业链，产业链条不断完善，产业发展前景广阔。

产品多样性与差异化：特色农业产业集群产品具有多样性和明显的差

异化特征，在同一产业集群内，由于资源禀赋的差异和技术应用的差异，可以生产不同种类、不同档次的多种农产品，在不同的产业集群中，可以得到广泛的应用。如福建安溪铁观音茶产业集群，茶企根据不同茶叶采摘时间、加工工艺等因素，生产出不同档次、不同口感的铁观音茶产品，满足不同消费者的需求，在市场上提升了产业集群的竞争力。

（3）组织特征

主体多元性：特色农业产业集群内的组织主体呈现多元性。包括个体农户、农民专业合作社、农业企业、农业科研机构、金融机构、行业协会等多种类型的组织。以赣南脐橙产业集群为例，有众多的脐橙种植农户，他们通过加入农民专业合作社来增强市场话语权；有脐橙加工企业进行果实的加工；农业科研机构为脐橙种植和加工提供技术支持；金融机构为农户和企业提供信贷资金；行业协会则在协调各方利益、规范市场秩序等方面发挥作用。

组织协作性：这些多元主体之间存在紧密的协作关系。通过合同契约、股权合作、技术合作等多种方式进行协作。例如，农业企业与农户签订农产品收购合同，保证农户的产品销路，同时企业能够获得稳定的原料供应；农业科研机构与企业开展产学研合作，加速科技成果的转化，提升产业集群的技术水平；行业协会组织企业和农户共同制定产品质量标准、开展品牌推广活动等，促进产业集群的健康发展。

组织创新性：特色农业产业集群内的组织具有较强的创新性，为适应市场变化和技术进步，组织不断创新经营模式、管理方式和技术应用。比如，一些农民专业合作社创新农产品销售模式，利用电商平台进行网上销售，拓宽农产品销售渠道；农业企业不断创新农产品加工技术，开发出更健康、更便捷的农产品加工品；农业科研机构积极探索新的农业种植技术和品种选育方法，为产业集群的持续发展提供技术动力。

2.2.3 不同类型

（1）基于资源禀赋的分类

基于资源禀赋，将特色农业产业集群划分为自然资源型和文化资源型。

其中，自然资源型特色农业产业集群主要依靠独特的自然条件，如特定的气候、土壤、水源等发展特色农业，如热带水果产业集群—海南芒果产业集群，海南拥有充足的阳光、适宜的温度和湿度，是芒果生长的理想环境。当地围绕芒果种植形成了包括种苗培育、芒果种植、采摘、加工（如芒果干、芒果汁制作）、销售以及芒果园旅游等一系列产业活动；再如水产品产业集群——舟山群岛海产品产业集群。舟山海域广阔、水质优良、海洋生态系统丰富，为各类海产品的生长提供了得天独厚的条件，海洋捕捞、海水养殖、海产品加工、冷链物流等众多环节，海鲜餐饮等都是这个产业集群的组成部分。

文化资源型特色农业产业集群是指依托当地历史文化、民俗文化、饮食文化等发展特色农业，如云南普洱茶产业集群，云南茶文化历史悠久，普洱茶制作工艺传承数百年，共同铸就这一特色产业集群。除了茶叶种植加工环节，当地还利用茶文化开展茶旅融合项目，如茶厂参观、茶艺表演、古茶树文化体验等活动，在农业产业中融入文化资源，提升产业附加值；再如香槟酒产业集群在法国香槟区的发展，也是当地茶旅融合的一个重要项目。香槟地区拥有独特的香槟酿造文化和传统工艺，而这些文化资源正是香槟酒品牌价值的重要组成部分，产业集群包括葡萄种植、香槟酿造、品牌营销以及香槟酒文化博物馆等多个环节，文化贯穿整个产业发展过程。

表 1　产业集群分类

分类标准	类型	例子	
资源禀赋	自然资源型	海南的芒果产业集群	舟山群岛的海鲜产业集群
	文化资源型	云南普洱茶产业集群	法国香槟地区的香槟酒产业集群
产业链延伸程度	初级农产品型	甘肃岷县的当归种植集群	内蒙古某些地区的羊肉养殖集群
	全产业链型	赣南脐橙产业集群	荷兰花卉产业集群

续表

分类标准	类型	例子	
主导产业组织形式	农户主导型	四川郫县豆瓣产业集群	云南蒙自石榴产业集群
	企业主导型	雀巢公司	中粮集团
	合作社主导型	山东莱阳梨产业集群的合作社	浙江千岛湖有机鱼产业集群的合作社

数据来源：根据网络资料整理所得。

（2）基于产业链延伸程度的分类

基于产业链延伸程度不同，将特色农业产业集群分为初级农产品型和全产业链型。

初级农产品型是指特色农业产业集群主要集中在农产品的种植、养殖等初级生产环节，产业链延伸较短。如一些山区的特色中药材种植集群——甘肃岷县的当归种植集群。当地主要以当归种植为主，虽然也有少量的初加工（如当归的简单晾晒、清洗），但产业链主要围绕当归的种植，为中药材市场提供大量的优质当归原料。再比如，草原地区的特色畜牧养殖集群——内蒙古某些地区的羊肉养殖集群。产业主要集中在羊的养殖环节，通过传统的放牧或舍饲养殖方式，为市场提供新鲜羊肉，虽然也涉及一些简单的屠宰和初级加工，但产业链延伸相对有限。

还有一种是全产业链型特色农业产业集群。这类产业集群的产业链从农产品的生产一直延伸到加工、销售、旅游、文化创意等多个领域，形成完整的产业链条。例如，赣南脐橙产业集群，在脐橙种植的基础上，延伸出了脐橙加工（如脐橙汁、脐橙罐头、脐橙精油）、脐橙销售（包括线上线下多种渠道）、脐橙旅游（如脐橙采摘园、脐橙主题公园）以及以脐橙为主题的文化创意产品（如脐橙造型的工艺品）等多个环节，实现了一、二、三产业的融合发展。再比如荷兰花卉产业集群，是全产业链型的典型代表。从花卉的育种、种植、拍卖销售，到花卉包装、运输物流，再到花卉旅游（如库肯霍夫花园）和花卉相关的创意产品（如花艺培训、花卉主题家居用品），产业链非常完整，各个环节紧密协作，使得荷兰花卉产业在全球具有强大的竞争力。

（3）基于主导产业组织形式的分类

基于主导产业组织形式，将特色农业产业集群划分为农户主导型、企业主导型和合作社主导型。

农户主导型是指在特色农业产业集群中，农户是发挥生产决策、销售渠道等关键作用的主要组织力量，如豆瓣原料（蚕豆、辣椒等）种植环节主要由四川郫县豆瓣产业集群中的农户负责。农民凭借丰富的种植经验，按照传统的种植方式和品种选择进行生产，并且在销售环节，通过农民合作社或者直接与豆瓣加工企业合作，将农产品销售出去；再如云南蒙自石榴产业集群中，石榴种植以农民为主导。农民自主管理石榴园，在种植技术交流、石榴采摘、初步筛选后，将石榴销售给当地水果批发商或加工企业，农民在整个产业集群的种植环节中起到了关键作用。

企业主导型是指企业在特色农业产业集群中居于主导地位，负责整合经营全产业链，农户等组织通常围绕企业需求开展生产和服务，如中粮集团在部分粮食产业集群中居于龙头地位。通过订单农业的方式，中粮集团引导农民种植符合企业加工销售要求的粮食品种，企业还负责收购、加工、品牌推广、销售粮食，打造从田间地头到餐桌的完整产业链条。在这个过程中，农户主要是按照企业的要求进行生产，企业对整个产业集群的发展方向、技术创新等方面起到关键的引导作用。例如，雀巢公司在一些咖啡产业集群中处于主导地位。雀巢在咖啡种植区域指导农民采用先进的种植技术，提供技术培训和资金支持，在收购农民种植的咖啡豆后，进行加工包装和品牌营销，将咖啡产品推向全球市场。在企业主导的产业集群中，企业的战略规划和市场运作能力对产业集群的发展至关重要。

还有一类特色农业产业集群，以合作社为龙头，这类农民专业合作社在特色农业产业集群中发挥核心作用，组织农户进行生产、销售和技术交流等活动，协调与其他组织的关系，如山东莱阳梨产业集群中的合作社。莱阳梨种植农户加入合作社后，合作社统一组织梨树种植管理，包括购买化肥、农药等生产资料，提供种植技术培训，组织梨树采摘、销售等，合作社还与莱阳梨加工企业、物流企业等进行合作，共同促进莱阳梨产业的发展。在这个过程中，合作社通过整合农户资源，增强了农户在市场中的话语权和抗风险能力；再如浙江千岛湖有机鱼产业集群中的合作社，合作社负责组织渔民进行有机鱼类的养殖、捕捞，制定养殖标准和质量控制制度。在销售方面，合作社通过品牌建设和市场推广，将千岛湖有机鱼销往全国各地市场，同时合作社还与鱼产品加工企业、餐饮企业等进行合作，将有机鱼产业链做大，在整个产业集群发展过程中，合作社起到了龙头带动作用。

2.3 特色农业产业集群形成与发展的影响因素

2.3.1 自然资源禀赋

自然资源禀赋是特色农业产业集群形成与发展的基础性因素。独特的自然资源为特色农业产业提供了不可复制的优势，决定了其发展的方向和潜力。其中包括气候条件、土壤特性、水资源状况等。

首先是气候条件对特色农业产业集群的影响，适宜的气候对许多特色农产品的生长至关重要。如地中海沿岸夏季炎热干燥，冬季温和多雨的气候，造就了葡萄、橄榄等作物生长的理想环境，由此孕育出葡萄酒产业集群和橄榄油产业集群，这两个区域在世界范围内都是享有盛誉的。在这些地区，特定的温度、光照和降水模式不仅影响农作物的产量，还深刻影响其品质特征，葡萄在充足的阳光照射下能积累足够的糖分，而昼夜温差大则有助于果实风味物质的形成，这为酿造高品质葡萄酒奠定了基础。

其次是土壤特性对特色农业产业集群的影响，不同的土壤类型富含特定矿物质和营养成分，对特色农产品的品质、风味影响显著。如法国香槟地区的白垩土，透气性好，矿物质丰富，为香槟葡萄提供了得天独厚的生长土壤条件，香槟葡萄酒口感风味独特，成为世界知名的特色农业产业群。又如我国东北黑土地，肥沃的土壤富含腐殖质，非常适合大豆、高粱等农作物的种植，为当地以这些农产品为基础发展的加工产业集群提供了优质的原料保障。

最后是特色农业产业集群受水资源条件影响，农业生产以充足优质的水资源为关键，部分地区拥有江河湖泊或地下水资源等丰富的天然水源，对特色农业产业如灌溉、渔业等具有十分重要的作用。如我国阳澄湖地区，湖水清澈，水质优良，为阳澄湖大闸蟹养殖提供了得天独厚的条件，使阳澄湖大闸蟹产业集群得以蓬勃发展，成为当地的特色产业。优质的水资源不仅保证了大闸蟹的生存环境，而且对其肉质鲜美、蟹黄饱满等品质特征的形成起到了关键作用。

然而，仅仅依靠自然资源禀赋，还不足以保证特色农业产业集群不断壮大。随着全球气候变化和资源的有限性，过度依赖自然资源可能面临风险，因此还需要结合其他因素共同推进产业集群的发展，如通过技术创新提高资源利用效率、利用市场需求引导产业升级等。

2.3.2 市场需求与竞争

市场需求与竞争是特色农业产业集群发展的关键驱动力，它们共同塑造了产业集群的发展方向和竞争力。

随着消费者生活水平的提高和消费观念的转变，其对特色农产品的需求日趋多样化、个性化，他们在关注农产品基本食用功能的同时，对其品质、安全、营养、口感以及文化内涵等方面的要求也越来越高，对其消费的需求也越来越重视。如有机食品、绿色食品、功能性农产品等市场需求不断增长，促使特色农业产业集群向绿色、生态、优质方向发展，农业产业集群不断壮大。以有机蔬菜产业集群为例，市场对有机蔬菜品质和供应稳定性要求提升，消费者对无农药残留、绿色健康蔬菜需求日益增加，促进了有机蔬菜种植技术的研发和推广。

激烈的市场竞争促使特色农业产业集群内的企业不断增强竞争力，集群内企业的竞争一方面促使其不断提高产品质量，增强品牌建设，提高服务水平。如山东寿光蔬菜产业集群中，为了争夺市场份额，众多蔬菜种植户和企业不断优化种植技术、提高蔬菜品质、降低生产成本，以满足不同消费者的需求，提升整个产业集群在全国乃至全球蔬菜市场的竞争力，同时，强化品牌建设和市场营销，推出了“寿光蔬菜”地理标志品牌等多种特色蔬菜品种和品牌，为寿光蔬菜产业集群的发展提供了有力的支撑。另一方面，来自外部的竞争压力也促使特色农业产业集群不断创新升级。面对其他地区同类特色农产品的竞争，产业集群需要不断挖掘自身的独特优势，加强产业链的整合，提高产品附加值，如通过发展农产品深加工、农业旅游等多元化业务，提升产业集群的综合竞争力，从而应对市场竞争的挑战，通过多种方式，提升产业链的综合竞争力。

2.3.3 技术创新与扩散

技术创新与扩散是特色农业产业集群持续发展和提升竞争力的核心动力，在产业集群的各个环节都发挥着重要作用。

首先是种养技术创新对特色农业产业集群的影响，在农业生产源头上，创新种养技术，可以提高农产品的产量、质量和抗风险能力。如具有抗病虫害、耐干旱、高产等优良性状作物品种，通过基因编辑技术进行选育，为特色农业产业集群提供了较好的原料基础。在养殖领域，精准养殖技术的应用，如利用传感器实时监测动物生长环境和健康状况，实现精准投喂、疾病预警等功能，提高了养殖效率和产品质量。以以色列的农业产业集群为例，其在沙漠地区通过创新的滴灌技术、无土栽培技术等，克服了自然条件恶劣的限制，实现了高效、优质的农业生产，为全球干旱地区的农业发展提供了技术参考。

其次是特色农业产业集群受农产品加工技术创新的影响，农产品加工技术创新能够拉长产业链条，增加产品附加值，这是一个很好的创新。如超微粉碎技术、低温干燥技术、生物发酵技术等在农产品加工中的应用，开发出了一系列新型农产品加工品，如超微粉谷物、冻干水果、功能性发酵食品等，满足了消费者对方便、营养、健康食品的需求，拓展了特色农业产业集群的市场空间。同时，创新加工工艺，也可以提高农产品的资源利用率，减少废弃物的产生，从而使农业得到可持续发展。

再次是信息化应用对特色农业产业集群的影响，信息化在特色农业产业集群的广泛应用，使生产、管理、销售等环节实现数字化、智能化。通过物联网技术实时监控和精确管理农业生产过程，提高生产效率和决策的科学性，是农业生产过程中的重要环节。电商平台的发展，拓宽了农产品销售渠道，打破了地域限制，让特色农产品与市场需求对接更加便捷，促进了市场响应速度和产业集群销售能力的提升。比如，一些农村地区的特色农产品通过电商平台实现了网上销售，不仅提高了销量，品牌知名度也得到了提升。

最后是特色农业产业集群受技术扩散机制的影响，在特色农业产业集群内部主要通过企业间的合作、人才流动、技术示范等方式来实现技术扩散。由于地理上的邻近性和产业关联性，企业间的交流与合作频繁，新技术得以快速传播，在集群中得到应用。比如，一家企业率先采用了农产品保鲜新技术，其他企业通过与上下游企业的合作交流，可以迅速了解并借鉴该技术，从而带动整个产业集群技术水平的提高。同时，产业集群内的科研机构、高校等与企业的产学研合作，也加速了技术的创新和扩散过程，为产业集群的持续发展提供了技术支撑。

2.3.4 政策支持与制度环境

政策支持和制度环境是特色农业产业集群形成和发展的重要保障，政府通过制定一系列政策措施、营造良好的制度环境等促进产业集群健康发展。

政府出台的产业扶持政策，包括以鼓励特色农业产业发展为目的的财政补贴、税收优惠、信贷扶持等多个方面。比如，对特色农产品种植户给予种植补贴，降低其生产成本，提高种植积极性；对农产品加工企业给予税费减免，促进企业扩大生产规模和技术升级；对产业集群内的企业和农户，通过农业信贷政策，给予融资支持，解决资金短缺问题。这些政策措施，有助于吸引更多资源向特色农业产业集群集聚，促进产业快速发展。

完善的农业基础设施是特色农业产业集聚发展的前提条件，政府加大对农村水利、交通、电力、通信等基础设施建设的投入，使农业生产条件和农村人居环境得到改善。如建设能够提高农田灌溉效率、确保农产品稳定生产的高标准农田灌溉系统、方便农产品运输和销售的农村公路、推进农业领域信息化技术应用、提升产业集群信息化水平等。这些基础设施建设政策为特色农业产业集群发展提供了坚实的硬件支撑。

政府通过制定农业科技创新政策，鼓励科研单位和企业加大对农业技术研发的投入，提高农业科技水平，加大农业科技创新的力度。如建立支持重点技术攻关和新技术推广应用的农业科技专项资金；建立农业科技园区、农业科技创新中心等平台，集聚创新资源，推动农业科技成果转化和产业化。这些政策措施，有助于增强特色农业产业集群的技术创新能力，促进产业升级发展。

建立健全农产品质量监管和标准化体系，对保障特色农产品质量安全以及提升品牌形象至关重要。政府制定严格的农产品质量标准和检测体系，加强生产、加工、销售等环节质量监管，确保特色农产品符合市场需求和质量安全要求。如通过推行农产品地理标志认证、绿色食品认证、有机食品认证等制度，提升特色农产品市场认可度和竞争力。同时建立标准化制度，对规范产业集群内企业生产行为、推动产业集群有序发展有一定的帮助。

合理的土地制度和完善的产权保护机制是特色农业产业集群发展的重要保障，政府通过稳定农村土地承包关系、规范土地流转市场等措施，为形成规模经营农业、形成产业集群提供土地资源保障，进而保障特色农业产业集群的发展。同时，加大知识产权保护力度，鼓励企业和科研人员开展技术创新和品牌建设，保护企业和科研人员的合法权益，营造良好的创新环境和市场秩序。

2.3.5 社会文化因素

社会文化因素在特色农业产业集群的形成与发展过程中扮演着独特而重要的角色，它赋予了产业集群深厚的内涵和独特的魅力，影响着产业集群的发展模式和可持续性。

地域文化传统：每个区域都有其独特的地域文化传统，包括农耕文化、饮食文化、民俗文化等，这些文化传统与特色农业紧密联系在一起，为产业集群发展提供了丰厚的文化底蕴，形成了具有独特地域文化底蕴的产业文化。如日本清酒产业群，与传承数百年的日本传统酒文化有着密切联系，蕴含着日本的礼仪文化与美学理念。这种文化传统不仅通过文化营销等手段，对清酒的品牌价值和市场竞争力产生了影响，同时也对清酒的酿造工艺和品质风格产生了影响。又如我国茶文化历史悠久，各地茶产业集群如福建武夷山岩茶产业集群、浙江杭州龙井茶产业集群等，都深深扎根于当地茶文化土壤，通过举办茶文化节、茶艺表演、茶旅融合等活动，将茶文化与茶产业有机结合，促进了茶产业集群发展，同时也传承和弘扬了中国茶文化，为中国茶产业的发展提供了重要的支撑。

农民合作文化：农民之间的合作文化对产业发展具有重要意义，在特色农业产业集群中，农民通过组建专业合作社等形式，增强了个体农户在市场中的竞争力和抗风险能力，实现了资源共享、技术交流、联合销售等合作，在发展特色农业产业中，通过合作带动农民的增收致富。如在欧美一些国家的农业产业集群中，农民合作社在农产品生产、加工、销售等环节起到了关键作用，合作社成员之间相互配合，共同决策，合作关系稳定。这种合作文化不仅推动了农业生产的规模化、专业化，也为产业集群发展提供了稳定的组织基础和社会依托。

企业家精神与创新文化：产业集群内的企业家精神和创新文化是推动其发展的重要动力源泉，具有创新意识和冒险精神的企业家能够敏锐地捕捉市场机遇，积极引进新技术、新管理模式、新营销理念，促进产业集群创新发展。如在有机农业、智慧农业等一些新兴的特色农业产业集群中，企业家通过科技创新、经营模式创新，敢于尝试农业新生产方式、新经营模式，开拓市场新空间，引领产业集群发展方向，在农业产业集群中，企业家的创业之路也在不断向前迈进。同时，产业集群内的创新文化氛围，能够激发企业员工的创新积极性和创造力，促进知识共享和技术扩散，形成良好的创新生态。

社区参与和社会认同：特色农业产业集群发展离不开当地社区的支持和认可，当地社区居民参与农业生产经营、农产品加工和旅游服务等活动，通过分享产业发展成果，增强对本土产业的认同感和自豪感，例如在乡村旅游型特色农业产业集群中，当地居民参与农家乐经营、农产品销售、民俗文化展示等活动，为游客提供了更加丰富多彩的体验，促进特色农业产业集群的发展。同时，社会对特色农业产业集群的认同，包括消费者对特色农产品的认可、投资者对产业集群的信心等，也是其能够持续发展的重要外部环境。

综上所述，特色农业产业集群的形成与发展是多种因素共同作用的结果。自然资源禀赋是形成特色农业产业集群的物质基础；市场需求与竞争是促使特色农业产业集群发展的主要动力；技术创新与扩散是维持特色农业产业集群发展的根本力量；政策支持与制度环境是保障特色农业产业集群发展的良好条件；社会文化因素为特色农业产业集群的发展增添内涵与活力。只有充分整合与利用这些因素，才能推动特色农业产业集群的发展，使其更好地推动农业现代化，促进农村经济发展，实现农民增收。

3　城乡融合发展的理论内涵与实践模式

3.1　城乡融合发展的内涵

城乡一体化发展，是指通过制度创新、要素流动、功能互补等手段，破除城乡二元结构，促进城市与农村在经济、社会、生态、文化等领域有机融合，最终实现城乡居民权利平等、资源共享、发展协调的可持续状态。

其核心内涵包括：

要素双向流动：劳动力、资本、技术、信息等要素打破单向流动（如农村向城市的“虹吸效应”），形成城乡互惠的循环机制。

制度平等化：破除户籍、土地、社保等制度障碍，保障城乡居民发展权利平等。

功能互补共生：城市发挥经济集聚和创新功能，农村则以差异化协同发挥生态保障和传承传统文化的作用。

可持续性目标：追求经济效率与社会公平、生态保护的统一。

3.2　城乡融合发展的特征

城乡融合发展具有系统性、动态性、区域差异性、多元主体参与、以人为本的特点。

从系统性角度看，城乡一体化发展不是单一领域的变革，而是一个复杂的系统工程，在经济维度上，城市先进的工业和服务业，要与农村的特色农业和相关产业深度融合，形成完整的产业链。比如，一些城市周边农村发展农产品深加工产业，把农村的农产品与城市的食品加工企业对接起来，形成从原料供应到产品销售的一体化经营，带动农民增收，带动城乡经济协调增长，这就是一个很好的思路。

社会层面，城乡居民在教育、医疗、社会保障等基本公共服务方面要逐步实现均等化，像现在很多地区推行的城乡教师交流制度，城市优秀教师定期到农村学校支教，提高农村教育质量，促进教育公平。空间维度，城乡基础设施建设要互联互通，交通网络要无缝对接，既方便城乡居民出行，也有利于物资流通。生态方面，城乡共同承担环境保护责任，城市减少污染排放，农村加强生态修复和农业面源污染治理，在长江经济带，城乡协同推进长江生态保护，共建区域生态屏障。这一系列的举措，都需要政府在各个维度上统筹推进，形成合力。

动态性是指在长期演进过程，需适应不同发展阶段的需求（如工业化、后工业化）。

在工业化阶段，农村大量劳动力流向城市，城市快速扩张，此时城乡融合发展侧重于利用城市工业发展带动农村劳动力就业，农村为城市提供劳动力资源。同时，城市的工业技术也向农村扩散，推动农村乡镇企业发展，比如沿海地区在工业化初期，大量农村劳动力涌入城市工厂，农村也兴办起众多与城市工业配套的乡镇企业。

进入后工业化阶段，城市产业向高端化、服务化转型，城乡融合发展呈现新态势。城市的人才、资本开始向农村回流，农村依托自身生态、文化资源发展乡村旅游、创意农业等新兴产业。像北京、上海等大城市周边农村，出现了许多由城市白领返乡经营的特色民宿，城市资本投入农村打造高端农业体验园，满足城市居民休闲消费需求，这都是城乡融合发展适应后工业化阶段需求的表现，是一个持续动态演进的过程。

地域差异性是指不同地区受自然条件、经济水平、文化传统等因素影响，路径不同，地域差异较大。

自然条件的差异对城乡一体化发展路径影响明显，山区可能更适合发展特色山地农业、生态旅游等，因为地形复杂，比如贵州的一些山区发展乡村旅游，打造特色民宿，以独特的喀斯特地貌、民族文化带动当地经济发展，形成了一个特色。而平原地区，由于耕地资源广阔，有利于发展规模较大的现代化农业，如在东北平原地区，机械化农业生产规模较大。

经济水平不同，城乡融合发展的侧重点也不同，经济发达地区如长三角、珠三角等，城乡之间要素流动频繁，产业融合度高，更侧重于提升城乡公共服务一体化水平，构建产业高端协同发展的格局。而经济欠发达地区，首要任务是加强基础设施建设，吸引外部投资，推动产业从无到有，逐步缩小城乡差距，这是当前经济发展面临的挑战。

文化传统塑造着城乡融合发展路径。具有深厚历史文化的地区，如陕西关中地区依托丰富的历史文化遗迹和民俗文化发展文化旅游产业，以文化为纽带促进城乡融合，让古老的文化在城乡发展中焕发生机。

多元主体参与是城乡融合发展的主要方式，由政府主导政策设计、市场驱动资源配置、社会组织和居民协同参与。

政府在城乡融合发展进程中处于主导地位。政府出台土地流转政策，引导农村土地合理流转，为农业规模化经营创造条件；出台城乡产业融合发展规划，明确产业发展方向，引导资源向农村集聚。

市场是资源配置的关键力量。企业投资农村的产业项目，比如电商企业在农村建立物流配送中心，发展农村电子商务，把农村的特色产品推向全国市场，带动农村产业发展，都是根据市场需求，在农村地区进行的，这是一种产业的发展。金融机构通过信贷产品为农村企业和农民创业提供资金支持，促进农村产业发展。

社会组织包括一些公益组织，在城乡一体化中扮演着重要角色，它们在农村地区开展教育扶贫、医疗救助等活动，促进农村地区公共服务水平的提高。居民更是城乡一体化发展的直接参与者，参与农村产业建设、提升自身素质，多元主体协同配合才能促进城乡一体化发展的顺利进行。

以人为本是指注重提升城乡居民生活品质与增强幸福感。

城乡融合发展的最终目的是让城乡居民受益，在农村通过产业发展增加农民收入，改善农村人居环境，许多农村地区开展了人居环境整治行动，修建了污水处理设施，改造了农村危房，修建了文化广场等，提升了农民的生活质量。在城市，大城市病的缓解、城市绿色空间的增加、城市居民居住舒适度的提高，都是通过疏解非首都功能等措施来实现的。同时，城乡公共服务的均等化，让农村居民也能享受到优质教育、医疗资源，城市居民也能在乡村找到休闲放松的好去处，实现城乡居民在生活品质和幸福感提升上的均衡发展，真正做到发展为了人民、发展依靠人民、发展成果由人民共享。

3.3 城乡融合发展的理论演进

3.3.1 城乡二元结构理论批判

城乡二元结构理论在一定时期对认识和解释城乡关系起到了重要作用，但随着实践的发展和研究的深入，也受到了多方面的批评。

该理论将城乡关系简单地归结为二元对立，忽视了城乡之间复杂的相互联系和互动。事实上，城乡之间不仅经济、社会、文化等方面存在差异，农产品与工业品的交换、农村劳动力流向城市以及城市对农村的辐射带动等交流合作也是广泛存在的，不能简单地用二元对立来概括这种复杂关系。

城乡二元结构理论往往是对城乡关系的静态描述，对城乡关系在不同历史时期、不同发展阶段的动态变化考虑得不够充分，不能很好地联系城乡关系的发展规律。随着经济的发展和社会的进步，城乡之间的差距可能缩小，城乡关系也可能从对立走向融合，理论对此缺乏足够的前瞻性和动态分析能力。

该理论在很大程度上强调了经济因素在城乡关系中的主导作用，而相对忽视了其他因素如政治、文化、社会等对城乡关系的影响。但现实中，城乡关系的形成和演变受多种因素的共同作用，对城乡二元结构的产生和维持可能产生重要影响的是政治制度、文化传统、社会政策等因素。

从实践上看，城乡二元结构理论往往导致城市偏向发展政策，这种政策倾向使得大量资源向城市集中，农村在经济、社会、文化等方面的发展受到限制，进一步加剧了城乡差距，不利于农村的可持续发展和农民生活水平的提高。

该理论所支撑的城乡二元体制，在一定程度上造成了城乡居民在身份、权利、机会等方面的不平等。城镇居民享受的公共服务和福利待遇较好，如教育、医疗、就业、社保等，而农村居民则面临诸多限制和不公平待遇，严重违背社会公平公正原则，极易造成社会矛盾和不稳定因素，社会矛盾日益突出，社会治安状况日益恶化。

城乡二元结构理论带来的户籍制度等一系列城乡分割的制度安排，限制了城乡之间劳动力、资本、技术等生产要素的自由流动。这种限制不仅使农村劳动力无法充分发挥潜力，也阻碍了资金、技术等要素在城市向农村流动，不利于城乡资源的优化配置和经济整体效益的提高。

城乡二元结构理论会产生政策导向偏差，导致城乡差距。首先，受城乡二元结构理论的影响，有些政策制定者过于强调城市的优先发展，将有限的资源过度集中在城市地区，用于城市的基础设施建设、工业发展、公共服务供给等，忽视了农村地区的需要，此举会加剧城乡差距，农村地区的经济、社会、文化等各方面与城市的差距越来越大，形成城乡发展的不平衡。

其次，阻碍城乡融合。城乡二元结构衍生出一系列城乡分割的政策和制度，如户籍制度、土地制度、社会保障制度等，在城乡之间竖起一道道壁垒，阻碍城乡融合。这些制度导致城乡居民身份有别，城乡就业分离，城乡居住割裂，城乡社会保障相异，城乡之间交流困难，难以实现城乡一体化。

此外，城乡二元结构忽视了农村的内生动力，这种理论在一定程度上导致决策者过多地关注城市对农村的带动作用，而忽视了农村本身的内生动力和发展后劲。农村地区拥有丰富的自然资源、劳动力资源和独特的文化资源等，具有很大的发展潜力，但在城乡二元结构理论的指导下，农村往往被视为城市的附属品，自身的发展需求和潜力得不到应有的重视和挖掘。

城乡二元结构理论在解释城乡关系和指导政策实践方面存在一定的局

限性和不足，需要在新的时代背景下反思和完善，以更好地促进城乡协调发展和社会公平正义。

3.3.2 马克思主义城乡融合思想

马克思主义认为，城乡对立是生产力发展到一定阶段的产物，是社会分工和私有制的结果，随着生产力的发展，农业和手工业被割裂开来，城市逐渐成为手工业和商业的中心，而农村则以农业生产为主。这种分工造成了经济、社会、文化等方面的城乡差异，反过来又形成对立。

在经济上，城市集中了大量的工业和商业资本，掌握着先进的生产技术和生产方式，而农村处于相对落后的状态，农业生产效率低下，农民收入微薄。在社会方面，城镇居民享有较好的教育、医疗、文化等公共服务，而农村居民则面临教育资源匮乏、医疗条件差、文化生活单调等问题，城市在政治上往往是政治权力的中心，农村居民在政治参与、利益表达等方面相对较弱，在公共服务方面也存在参与度较低等问题。

基于此，城乡融合发展是社会发展的必然选择。首先，城乡融合发展是生产力发展的必然要求，随着生产力的进一步发展，大工业的出现和科学技术的广泛应用，为城乡融合提供了物质技术基础。大工业使生产的社会化程度不断提高，打破了城乡地域界限，促进了城乡经济联系和交流，同时现代交通和通信技术的发展，大大缩短了城乡间的时空距离，创造了城乡一体化的条件。

其次，城乡一体化发展是人的全面发展的需要，马克思主义强调人的全面发展，而城乡对立严重限制了人的全面发展，城市居民与农村居民在生活方式、价值观念、文化素养等方面存在着巨大的差异，这是不利于人的全面发展的。城乡一体化可以打破城乡居民之间的身份壁垒，让人们在城乡之间自由流动，享受平等的发展机会，从而推动人的全面发展，这是城乡一体化的必然要求。

基于马克思主义关于人的全面发展以及生产力发展的客观需求，要破解城乡二元结构，实现城乡一体化融合发展，应从以下四个方面入手：

一是消除城乡对立的制度基础。要实现城乡一体化，必须消除城乡对立的制度基础，即私有制和资本主义制度。只有在社会主义和共产主义制度下生产资料的公有制才能实现，城乡剥削对立关系才能消除，才能为城乡一体化创造制度条件。

二是城乡经济要协调发展。要实现城乡一体化，必须统筹城乡发展，这就需要在农村加大投入，在农村发展工业和服务业，缩小城乡经济差距，提高农业生产现代化水平。同时，加强城乡经济合作与交流，实现产业互补、城乡融合。

三是城乡公共服务均等化是城乡融合的重要内容。要实现城乡融合，必须加大对农村教育、医疗、文化等公共服务的投入，提高农村公共服务的水平和质量，使农村居民能够享受到和城市居民同等的公共服务。

四是推动城乡人口自由流动。城乡人口自由流动是城乡融合的重要标志。要实现城乡融合，必须打破城乡之间的户籍制度等限制人口流动的障碍，建立健全城乡统一的劳动力市场，使城乡居民能够在城乡之间自由流动，实现劳动力资源的优化配置。

3.3.3 发展经济学中的城乡一体化理论

发展经济学中的城乡一体化理论是研究城乡经济社会协调发展、实现城乡融合的重要理论体系，该理论强调城乡之间劳动力、资本、技术、土地等生产要素的自由流动和合理配置。认为通过打破城乡要素流动的障碍，能够使城市的资金、技术与农村的土地、劳动力等资源实现优势互补，提高资源利用效率，促进城乡经济的共同繁荣。主张城市工业与农村农业及农村工业之间应建立相互依存、相互促进的产业联系。城市工业的发展可以为农村提供农业生产资料、技术和市场，带动农村工业化和农业现代化；农村产业的发展则为城市提供农产品、原材料和广阔的消费市场，形成城乡产业协同发展的格局。同时，关注城乡空间布局的合理性和区域之间的协调发展。认为应避免城市过度集中发展以及农村发展滞后带来的不平衡状态，通过合理规划城乡空间，建设功能互补、联系紧密的城乡区域体系，实现城乡在空间上的一体化发展，促进区域经济的整体提升。也强调城乡居民在教育、医疗、文化、社会保障等公共服务方面应享有平等的权利和机会。城乡一体化要求加大对农村公共服务的投入，缩小城乡公共服务差距，使农村居民能够享受到与城市居民同等水平的公共服务，提高农村居民的生活质量和发展能力。

发展经济学中的城乡一体化理论的代表包括刘易斯的二元经济结构理论、拉尼斯—费景汉模型、托达罗人口迁移模型和缪尔达尔的循环累积因果理论。

刘易斯的二元经济结构理论：该理论认为发展中国家存在着传统的农业部门和现代的工业部门，农业部门存在大量剩余劳动力，工业部门的工资水平高于农业部门，吸引农业剩余劳动力向工业部门转移。随着农业剩余劳动力的不断转移，农业部门的劳动生产率提高，工业部门不断扩张，最终实现城乡经济的一体化发展。

拉尼斯—费景汉模型：在刘易斯模型的基础上，拉尼斯和费景汉进一步强调了农业部门在经济发展中的重要性，他们认为农业部门不仅为工业部门提供富余劳动力，还为工业部门提供富余产品，如农产品等，是工业部门发展的根本。在劳动力转移过程中，为保证工业部门与农业部门协调发展，实现城乡一体化，应注重农业技术进步和农业劳动生产率提高。

托达罗人口迁移模型：托达罗指出，人口迁移决策不仅取决于城乡收入差距，还取决于在城市中获得就业机会的概率，他认为发展中国家城市存在大量失业现象，农村劳动力向城市迁移可能导致城市失业问题更加严重。因此，实现城乡一体化不能仅仅依靠农村劳动力向城市的转移，而应注重农村地区的经济发展，提高农村居民的收入水平和生活质量，缩小城乡收入差距，使农村居民在农村也能获得与城市相当的发展机会和生活条件。

缪尔达尔的循环累积因果理论：该理论认为，城市和乡村之间存在着因果关系，并且是循环的、累积的。城市地区会吸引农村人口和资源向城市流动，进一步促进城市发展，因为初始优势是基础设施更好，就业机会更多，而农村地区则因为人口和资源外流，发展受限，城乡差距越来越大，所以，农村人口和资源向城市流动，农村发展的空间受到限制。要打破这种恶性循环，实现城乡一体化，需要政府采取积极干预措施，加大对农村的投入和支持，促进农村发展，逐步缩小城乡差距。

城乡一体化理论为发展中国家解决城乡发展不平衡问题提供了理论指导和政策思路，但在具体实践中，需要根据不同国家和地区的实际情况，制定适合本国国情的城乡一体化发展战略和政策措施。

3.4 城乡融合发展的影响因素

3.4.1 经济因素

影响城乡一体化发展的因素首先是经济因素，包括产业结构、收入差距和消费能力以及基础设施等。

从产业结构上讲，主要是指城乡一体化发展受到农业现代化水平的影响，以及非农就业机会的影响。

一是农业现代化水平。农业现代化是城乡一体化发展的重要基础，农业现代化水平高，就是指采用先进的农业技术、装备和经营方式，使农业生产效率得到提高，农产品产量和质量得到提高，农业经济效益得到提高。这样既能保障国家粮食安全，又能为农村居民带来较高收入，缩小城乡收入差距。同时，农业现代化的发展还可以带动农产品加工、物流、销售等相关产业的兴起，进一步推动农村产业结构优化升级，为城乡一体化发展提供坚实的物质基础。

二是非农就业机会。农村非农就业机会多，农村剩余劳动力就可以从农业部门转移到工业、服务业等非农业部门。这样农民可以获得更多的收入。农村非农就业机会多，有助于改变农村单一看重农业的产业结构，有助于农村经济多元化发展。劳动力的转移还会促进城乡之间的人口流动和资源共享，城乡之间经济联系更加紧密，产业协同性加强，推动城乡融合发展。

从收入差距上看，城乡收入差距是衡量城乡一体化发展的重要指标，城乡收入差距较大，会导致农村居民在教育、医疗、住房等方面消费能力不足，使农村市场发育受到限制，要素流动和城乡经济循环受到阻碍。相反，缩小城乡收入差距，可以提高农村居民的生活水平和消费能力，增强农村市场吸纳城市产品和服务的能力，促进城乡经济协调发展，促进城乡一体化进程。从消费能力看，农村居民消费能力的增强对城乡一体化发展具有拉动作用，农村居民收入水平提高，消费能力不断增强，对各种商品和服务的需求日趋多元化。这不仅可以拉动农村本地产业的发展，还可以吸引城市的商品和服务向农村延伸，促进城乡商贸流通繁荣，同时消费结构升级也将倒逼产业结构调整优化，为城乡一体化提供动力。

在基础设施建设方面，完善的交通基础设施是城乡一体化发展的重要支撑，便捷的交通网络可以缩短城乡间的时空距离，减少人员往来和物资运输成本，促进要素流动和城乡经济联系，是城乡统筹发展的重要支撑。良好的交通条件有利于城市的资金、技术、人才等要素向农村流动，带动农村产业发展；也便于农村的农产品、劳动力进入城市市场，实现城乡资源的优化配置，高效的物流体系对城乡一体化发展至关重要。物流基础设施的完善，能够保障农产品及时、高效地从农村运输到城市，减少农产品损耗，提高农产品流通效率和市场竞争力，同时也能保障城市工业品和生活物资顺利进入农村市场，满足农村居民生产生活需求。此外，物流业的发展还可以带动农村电子商务等新兴业态的兴起，进一步推动城乡经济一体化，信息网络的广泛覆盖是促进城乡一体化发展的重要力量。让农村居民及时获得市场信息、技术知识和就业机会，促进农村经济发展，互联网、大数据等信息网络技术可以打破城乡信息不对称。同时，信息网络也为城乡间的远程医疗、在线教育、文化交流等提供了平台，促进了城乡公共服务均等化和社会文化的融合。

3.4.2　制度因素

影响城乡融合发展的制度因素主要包括户籍制度、公共服务均等化、土地制度、财政转移支付与生态补偿机制四个方面。

户籍制度方面，过去我国传统户籍制度对人口的管理起到了一定的积极作用，但同时在一定程度上限制了城乡人口流动，它把居民分为城镇户口和农村户口，并以此为基础与一系列福利、权益挂钩，造成农村居民在就业、教育、医疗、社会保障等方面面临更多限制和不平等。户籍制度改革是促进城乡融合发展的关键环节，打破城乡户籍壁垒，促进人口合理流动，使农村劳动力更加自由地进入城市就业、生活，同时也有利于城市的人才、资金等要素向农村流动，优化城乡资源配置。

在公共服务均等化方面，实现公共服务均等化是城乡一体化发展的重要目标和体现。长期以来，城乡公共服务差距较大，城市拥有优质资源，而农村相对薄弱，城乡公共服务均等化差距明显，推进城乡公共服务均等化仍是城乡一体化发展的主要任务和关键环节。公共服务均等化意味着让农村居民享受到与城市居民同等水平的公共服务，这不仅可以提高农村居民的生活质量和幸福感，而且可以增强农村对人口的吸引力，促进城乡人口均衡分布。同时，有利于农村劳动力素质的提高，为农村经济发展提供人才支撑，缩小城乡发展差距，促进城乡一体化发展。

打破集体经营性建设用地不能用于城市经济建设和集体建设的限制，将集体经营性建设用地与国有土地同等入市、同权同价，使农村土地可以直接转化为农村集体经济组织和农民的财产性收入，使农村土地能够直接参与城市的经济建设，使农村土地要素的供给可以满足乡村产业发展、农村基础设施建设等方面的资金需求，促进农村产业兴旺和经济发展，促进城乡要素的双向流动和融合发展。

宅基地改革有利于盘活农村闲置资源，促进城乡融合，一方面通过宅基地有偿使用、流转、退出等机制，解决农村宅基地闲置浪费问题，提高土地利用效率；另一方面让农民将宅基地和农房转变为财产，吸引城市居民到农村创业、休闲、养老等，促进城乡人口、资金、技术等要素交流融合；同时改善农村居住环境，推进美丽乡村建设，提升农村整体形象和吸引力。

政府调节区域经济发展不平衡、促进城乡一体化的重要手段是财政转移支付与生态补偿机制。通过加大对农村地区的财政转移支付力度，弥补农村地区在基础设施建设、公共服务供给、产业发展等方面的资金缺口，改善农村生产生活条件，缩小经济社会发展中城乡之间的差距，实现财政转移支付的目标。财政转移支付对农村教育、医疗、文化等公共事业发展能够起到支持作用，能较大程度提高农村居民生活质量；对农村发展特色产业、促进农民增收致富具有重要作用，为城乡一体化发展奠定坚实物质基础。

建立健全生态补偿机制，对促进生态保护和城乡建设协调发展、实现城乡一体化具有重要作用，农村往往是生态资源的重要承载地，为城市提供了生态屏障和生态产品，这是当前我国城乡生态保护和建设的重要抓手。通过生态补偿机制，对农村地区在生态保护方面的付出给予经济补偿，可以激励农村居民积极参与生态保护，同时也为农村地区发展生态产业、实现绿色发展提供了资金保障。这将有利于推动城乡生态保护与经济发展的协调共进，有利于城乡生态环境共建共享，有利于推动城乡一体化发展朝着绿色、可持续的方向发展。

3.4.3　社会因素

社会因素方面，主要包括人口流动、老龄化趋势、教育水平、人力资本积累、城乡文化认同程度以及社会治理能力等。

农村人口大规模向城市流动是当前城乡人口变化的显著特征，一方面农村劳动力流入城市，为城市发展提供了丰富的人力资源，推动了城市工业发展，经济繁荣；另一方面，部分有知识、有技能的人才回流农村，能够带回先进的技术、理念和资金，促进农村产业升级和创新发展。此外，人口双向流动使城乡联系沟通更加紧密，信息、文化等要素传播共享更加便利，为破解城乡二元结构、促进城乡一体化发展作出了贡献。

城乡老龄化程度的差异对城乡一体化发展产生重要影响，农村老龄化程度往往高于城市老龄化程度，使农村劳动力短缺问题日益突出，给农业生产和农村经济发展带来一定挑战。同时，农村社会服务体系也因农村老人养老、医疗等保障需求而承压。但从另一个角度看，农村老龄化问题也为城乡一体化发展带来了契机，如促进城乡养老服务资源的统筹配置，推动城市医疗资源向农村延伸，有利于加强城乡社会保障和公共服务的衔接和融合。

城乡教育水平差距是制约城乡融合发展的重要因素，在教育水平和人力资本积累方面，城市教育资源丰富，教育质量较高，而农村教育在师资力量、教学设施、教育理念等方面相对薄弱，导致农村学生接受优质教育的机会不多，影响农村人口素质的提高，这是一个不可忽视的问题。提高农村教育水平，缩小城乡教育差距，能够为农村培养更多有文化、懂技术、会经营的新型农民，为农村经济发展提供人才支撑。同时，也有利于促进城乡人口在知识技能层面的平等，打破因教育差距造成的城乡发展不平衡，促进城乡一体化发展。

城乡一体化发展需要大量高素质的人力资本，人力资本是经济发展的核心要素，城市具有吸引人才、培育人才的优势，人力资本积累丰富。农村劳动力素质提高，农村人力资本存量增加，可以通过加强教育投入、职业技能培训等多种方式来实现。当城乡人力资本差距缩小，农村人力资本积累到一定程度时，既满足农村自身发展需求，又促进人才在城乡间合理流动和优化配置，使人才在城乡间自由流动、自主创业，为城乡一体化发展提供强大智力支撑。

在城乡文化认同上，城乡文化存在一定差异，加强城乡文化认同对推动城乡融合发展至关重要。一方面，对农村传统文化要尊重和保护，深入挖掘农村文化的独特价值，使城市居民在了解农村文化魅力的同时，也能对农村文化增进认同；另一方面，要促进城市现代文化向乡村传播和渗透，使乡村居民接受现代文明理念和生活方式，促进城乡文化交流交融。增强城乡文化认同，为城乡融合发展营造良好的文化氛围，减少城乡之间的文化隔阂和冲突，构建城乡和谐关系。

在社会治理能力方面，增强城乡社会治理能力是实现城乡一体化发展的保障，在城乡一体化进程中，还会产生人口流动带来的治安问题、城乡接合部的环境问题等一系列新的社会问题和矛盾。这就要求通过创新社会治理体制机制，整合城乡社会治理资源，建立健全城乡一体化的社会治理体系，提高城乡社会治理科学化、精细化、智能化水平。通过加强城乡社区建设、完善社会治安防控体系、提高公共服务水平等措施，切实解决城乡融合发展中的各种问题，维护社会稳定，为城乡融合发展提供良好的社会环境。

3.4.4 自然因素

自然因素主要是指地理环境和资源禀赋，其中，地理环境是指所在地区的地形特点等，资源禀赋主要指的是水资源、耕地资源、矿产资源和生态承载力。

比如，平原地区地势平坦开阔，有利于农机化大规模作业和农业现代化发展，可以提高农业生产效率，提高农产品产量，为城乡一体化发展提供坚实物质基础。同时，平原地区交通建设成本相对较低，交通运输网络布局便捷，有利于加强城乡联系与交流，促进资源和要素的快速流通，促进产业协同发展和公共服务均等化，进一步促进城乡统筹发展。地形复杂、交通不便、基础设施建设难度大、建设成本高的山区，一定程度上阻碍了人员往来、物资运输和城乡信息传递，限制了城镇对乡村、乡村对城镇资源供给能力的辐射带动作用。但山区往往具有独特的自然风光和丰富的生态资源，有利于发展特色农业、生态旅游、林下经济等产业，为城乡融合发展提供了差异化的发展路径，通过发展特色产业促进城乡之间的产业互补和融合。

从资源禀赋的角度讲，对于城乡居民生活、农业生产和工业发展来说，水资源充足、分布合理是重要保障。在水资源丰富的地区，农业灌溉条件好，既为城乡居民提供优质的生活用水和工业用水，又有利于发展高效农业和生态农业，对城乡经济社会发展具有重要的支撑作用。而水资源匮乏的地区，不仅农业生产受到限制，还会影响城乡居民的生活质量和产业发展规模，甚至可能引发城乡之间水资源分配的矛盾，制约城乡一体化发展。因此，促进城乡一体化发展，对合理配置水资源、加强水资源保护利用意义重大。

耕地资源丰富是农业发展的基础，对保障国家粮食安全和农产品供给具有重要作用，拥有大量优质耕地的地区能够发展规模化、现代化农业，为农村发展提供坚实的经济支撑，进而提高农业经济效益、增加农民收入。同时，还能为城市提供充足的农产品，满足城市居民的居住需求，推动城乡经济、一体化发展。此外，耕地资源的合理利用和保护还涉及生态环境保护和乡村风貌建设，对于促进城乡生态一体化发展和乡村振兴具有重要意义。

矿产资源丰富的地区，依托矿产资源发展采矿业、制造业等工业产业，吸引人口聚集，集聚资金，加速农村工业化、城镇化进程，为城乡融合发展提供条件。矿业经济可以带动相关配套产业的发展，增加就业岗位，提高居民收入水平，促进基础设施建设、公共服务的完善，推动农村经济发展、社会进步。但是，矿产资源的开发会带来环境污染、生态破坏等问题，开发过程中要注重生态环境保护，实现城乡经济发展和生态保护的协调共进。

生态承载力强，意味着区域承载更多的经济活动和人口增长，同时又能保持生态平衡。具有发展生态农业、生态旅游、绿色产业等生态环境良好、生态承载力强的地区，能够吸引城镇居民前来旅游观光、休闲度假、投资兴业，促进城乡之间的人流互动、经济交流。同时，这类地区可通过生态补偿机制等方式，将生态优势转化为经济优势，实现生态保护与经济发展的良性互动，为城乡一体化发展提供持续动力。相反，生态承载能力较弱的地区，在发展过程中需要更加注重生态保护和修复，限制高污染、高耗能产业发展，这对城乡一体化发展的速度和模式可能会有一定影响，但也促使其探索更加绿色、可持续的发展路径。

3.4.5 技术因素

影响城乡融合发展的技术因素主要是指信息技术（互联网、大数据等）对城乡连接和乡村发展所起的促进作用。

互联网和大数据技术打破城乡之间信息壁垒，城乡之间资源信息更加透明对称。一方面，城市的资金、技术、人才等资源可以通过互联网平台更加便利地获取农村的资源状况和发展需求，有针对性地向农村输入资源，推动农村产业的发展和基础设施建设。另一方面，农村的农产品、土地、文化等资源信息也可以通过互联网平台传播到城市的消费市场和投资主体，实现城乡资源的优化配置和高效利用。

互联网提供了城乡产业协同发展的新平台和新机遇，农村的农产品可以通过电子商务平台，减少中间环节，提高农产品附加值，同时满足城市居民对鲜活、绿色农产品的需求，直接销售到城市消费者手中。此外，大数据技术有助于分析城乡市场需求和消费趋势，为城乡产业对接提供决策依据，促进农村一二三产业融合发展，推动城市产业向农村延伸、农村产业向城市拓展，形成城乡产业协同发展的良好格局。

优质的教育、医疗、文化等公共服务资源，借助信息化手段，通过网络平台实现城乡共享。比如，在线教育平台让农村学生接受城市优质师资的教学，远程医疗系统让农村居民享受到城市专家的诊断服务，数字文化资源库则为城乡居民提供了丰富的文化娱乐内容，这些都是农村学生在城市中学习的重要内容。这有助于缩小城乡公共服务差距，提高农村居民生活质量和幸福感，促进城乡社会融合。

互联网、大数据技术为城乡社会治理提供了新的手段、工具。建立城乡统一的社会治理信息平台，政府可实时掌握城乡居民需求和社会动态，提高社会治理的效率和精准度。城乡居民也可以借助社交媒体等网络平台更便捷地参与社会治理，表达意见和建议，实现政府与城乡居民的交流互动，形成共建共治共享的城乡社会治理新格局。

城乡融合发展是农业农村发展的重要内容，农业机械化大幅度提高了农业生产效率、降低了农民劳动强度、节约了农业生产成本，大型农业机械在耕地、播种、收割等环节的大面积运用，实现了农业生产规模化、标准化作业，提高了农产品产量和质量；智慧农业技术通过传感器、物联网等设备对农田进行实时监测和数据分析，精准控制灌溉、施肥、植保等生产环节，提高了农业生产精细化水平和资源利用效率，使农业生产更加高效、可持续，为城乡融合发展提供了坚实的物质基础。

农业机械化、智慧农业的发展推进农业现代化进程，推动传统农业向现代农业转型升级，增加农业的经济效益，吸引更多人才、资金投入到农业，促进农村产业结构优化升级，例如，农产品电商、农业物联网、农业大数据等新兴产业催生，延长农业产业链，增加农民收入，提高农村经济发展水平，有利于城乡融合发展。

虽然农业机械化发展使农业生产对劳动力的直接需求降低，但增加了农机操作、维修、保养等相关岗位的就业机会。同时，智慧农业的兴起也需要掌握信息技术和农业知识的复合型人才，吸引了农村青年返乡就业创业，也吸引了城市人才向农村流动，有助于优化农村就业结构，提高农村居民收入水平与素质，促进城乡人口的合理流动和人力资源优化配置。

农业机械化和智慧农业技术的应用，需要相应的农田水利设施、农村电力供应、通信网络等基础设施支持，政府和社会资本为了满足这些技术推广应用的需求，会在农村基础设施建设方面加大投入，改善农村生产生活条件。农村基础设施不断完善，不仅有利于农业现代化发展，也为农村居民提供了较好的居住环境，缩小了城乡基础设施差距，促进了城乡一体化发展。

3.4.6 全球化因素

全球化因素包括国际资本流动影响乡村产业，和全球气候变化下城乡生态协同的需要。

国际资本的流入能给乡村产业带来先进的技术和管理经验、市场渠道，如在一些特色农产品种植加工等领域，外资企业进入能带来现代化的种植技术、加工设备，提升农产品品质和附加值，促进乡村产业从粗放型的生产向精细化、高端化方向发展，从而促进乡村产业的升级。

国际资本投资乡村产业，通过带动相关产业的发展，为乡村创造更多就业岗位。如外资在乡村建设农产品加工厂、乡村旅游项目等，需要雇用大量的当地劳动力，包括生产工人、服务人员、管理人员等，这有利于乡村居民就业、增加农民收入、减少农村人口外流、稳定乡村社会结构。

国际资本具有广泛的国际市场和销售渠道，乡村产业与国际资本合作后能够利用其市场资源，将产品打入国际市场，乡村特色手工艺品、有机农产品等通过与外资合作进入国际高端市场，提升了产品知名度和市场竞争力，进一步促进了乡村产业的发展壮大。

此外，乡村产业也要警惕国际资本的进入。外资企业由于拥有丰富的资金、先进的技术、知名品牌等优势，将对当地乡村企业或传统产业产生冲击。一些规模小、技术落后、管理不善的乡村企业将在竞争中被挤垮甚至被淘汰，这就需要乡村产业加快转型升级，提高自身竞争力，从而迎接国际资本的冲击。

全球气候变化使人们对生态环境的重视程度逐渐加深，城乡居民环保意识不断增强，无论城市还是乡村都明白生态环境是人类生存和发展的基础，气候变化对生态造成的威胁已经十分严重，城乡生态协同保护意识已经逐渐形成，城乡居民都积极地参与到保护生态的行动中来。

城乡生态规划需要进行一体化设计。城市和乡村生态是相互联系、相互影响的，应当从区域整体的角度统筹考虑生态保护、资源利用、产业布局等方面。例如，规划区域生态时合理规划城市绿地系统、乡村生态林带、农田保护区，形成城乡一体的生态网络体系，增强生态系统稳定性与服务功能。

城乡生态产业协同发展在全球气候变化的大背景下成为必然趋势，城市发展节能环保产业、生态旅游服务业等，可以利用其在科技、资金、人才等方面的优势，将相关技术、经验推广到农村，这是一个不可回避的趋势。而乡村则可以依托丰富的自然资源和良好的生态环境，发展生态农业、特色林业等产业，为城市提供绿色农产品和生态旅游产品，通过城乡生态产业协同发展，实现生态保护和经济发展良性互动，生态农业与特色林业产业相互促进。

气候变化带来的生态环境问题具有跨区域、跨城乡的特点，需要城乡之间加强合作，共同开展生态环境治理，如流域生态治理中，水污染防治、水土保持等工作需要城市和农村共同开展，江河湖泊等水体的保护力度需要加强。在大气污染防治方面，工业污染、农业面源污染、机动车尾气排放等需要城乡统一标准、协同治理，共同实现区域空气质量的改善。

4　特色农业产业集群发展的现状与困境

4.1 我国特色农业产业集群的分布与发展态势

4.1.1　地理分布特征

根据我国农业农村部联合财政部关于国家级优势特色产业集群工作数据，2020 年至 2024 年，农业农村部、财政部已批准创建 220 个国家级优势特色产业集群，覆盖 31 个省（区、市）、新疆生产建设兵团、北大荒集团以及广东农垦。

从地域分布看，呈现出一定的集聚特征。河北、河南、湖南、广西、重庆、四川、陕西等地，凭借独特的地理、气候条件和产业基础，在特色农业发展方面具有较强优势，均有 9 个产业集群项目落地。比如，四川依托优越的自然环境，形成了柑橘、茶叶等特色农产品领域的大规模产业集群。内蒙古、山东、湖北、贵州、甘肃、新疆等地有 8 个项目在畜牧业（如内蒙古自治区西部绒山羊产业集群、内蒙古科尔沁肉牛产业集群和内蒙古草原肉羊产业集群等）或特色经济种植（如山东蔬菜产业集群）上有突出表现。黑龙江、辽宁、安徽、江西、广东、云南等地 7 个项目，吉林、西藏各 6 个，江苏、浙江、福建、山西、海南、宁夏、青海、新疆兵团 5 个，天津、广东农垦 4 个，北大荒 3 个，京沪各 2 个。

4.1.2 产业规模与增长趋势

4.1.2.1 总体规模持续扩张

近年来，我国特色农业产业集群的总体规模呈现出稳步扩张的态势。从种植面积来看，以蔬菜产业集群为例，全国蔬菜种植面积逐年增加，在各蔬菜产业集群的带动下，2023 年全国蔬菜面积为 22873.46 千公顷，产量达到 82868.11 万吨。特色水果种植面积同样增长显著，像柑橘产业集群，随着产区不断扩大，种植面积已覆盖南方多个省份，总产量达到了 6433.76 万吨，较 2022 年增长了 25.6%。在养殖规模上，畜禽类产业集群发展迅猛，牛、羊、猪等存栏量持续上升，以羊产业集群为例，2023 年年底，羊的数量达到 32232.58 万只，比 2020 年增长了 5%。

4.1.2.2 产值增长迅速

特色农业产业集群产值增幅也十分可观，凭借种植规模大、市场需求稳定的优势，以茶叶产业集群为例，其通过品牌建设和市场拓展来看，优势特色产业集群产值显著提升，如在 2024 年，内蒙古优势特色产业集群产值达 3666 亿元，以茶叶产业集群为例，其通过品牌建设和市场拓展、2024 年茶叶总产量为 374.00 万吨，青海牦牛、藏羊、油菜、青稞、枸杞 5 个优势特色产业集群，涉及畜禽、粮油、果蔬 3 个产业类别的一二三产业全产业链总产值超 600 亿元。从优势特色产业集群的产品种类看，各类优势特色产业产值逐步提高，以茶叶产业集群为例，其通过品牌建设和市场拓展，产值增长明显，2023 年全国干毛茶总产值为 3296.68 亿元，比 2022 年增长 3.65%，2024 年茶叶总产量为 374.00 万吨，茶叶产业集群规模进一步扩大。

4.1.3 主要特色农业产业集群案例简介

4.1.3.1 赣南脐橙产业集群

赣南脐橙产业集群位于赣南，是全国最大的脐橙产区之一，该产业集群具有得天独厚的自然条件，而且赣南土壤肥沃、气候温和、昼夜温差大，非常适宜脐橙生长，经过多年发展，赣南脐橙产业集群已形成完整产业链。在种植环节，2023 年，脐橙种植面积 193 万亩，产量 185 万吨，通过推广绿色防控、测土配方施肥等标准化种植技术，极大地提高了赣南脐橙的品质。在加工环节，注重支持龙头企业对脐橙的深加工，产品涵盖脐橙果汁、罐装脐橙、果脯脐橙等多个品类。在销售环节，赣南脐橙不仅畅销国内各大城市，还远销东南亚、欧洲、北美等多个国家和地区，通过电商平台，实现脐橙产业集群总产值 202 亿元。同时，赣南脐橙还注重品牌建设，“赣南脐橙”品牌价值连续多年在全国果品品牌中名列前茅，品牌价值 691.40 亿元。

4.1.3.2 寿光蔬菜产业集群

寿光蔬菜产业集群位于山东寿光，是中国的“蔬菜之乡”，以蔬菜种植为中心，带动了种苗研发、农资生产、蔬菜加工、物流配送等各环节。截至 2024 年，寿光市蔬菜年播种面积约 60 万亩（400 平方千米），年产蔬菜 450 多万吨，国产蔬菜种子市场占有率提升到 70%以上。寿光蔬菜引进推广了无土栽培、智能温室等种植技术，实现了蔬菜全年生产、高产。截至 2025 年 4 月，寿光市累计落户 12 家“国字号”研发平台，自主研发蔬菜品种 277 个，约占山东省 1/2，从事蔬菜育种的企业 16 家，种苗年繁育能力 18 亿株，约占山东省 1/4，被农业农村部认定为国家级区域性良种繁育基地，国产蔬菜种子市场占有率由 2010 年的 54%提升到 70%以上。不仅满足了本地市场需求，还畅销全国各地。寿光市蔬菜涵盖从“一粒种子”到“一桌好菜”的完整产业链，产品有速冻蔬菜、脱水蔬菜、蔬菜罐头等。当地打造“寿光蔬菜”区域公用品牌，拥有“乐义蔬菜”“七彩庄园”2 个中国驰名商标，认证“三品一标”农产品 390 个，古城番茄等 22 个产品入选农业农村部全国名特优新农产品名录，是全国蔬菜产业的标杆。

4.1.3.3 宁夏枸杞产业集群

宁夏枸杞产业集群是我国枸杞产业的核心产区，地理环境和气候条件得天独厚，是枸杞生长的黄金地带，根据《中国现代枸杞产业高质量发展报告（2024）》，该产业集群2023年种植面积达32.5万亩（约666.67平方千米），综合产值290亿元，枸杞产品十大类120多种，销往58个国家和地区，现有27万从业人员，人均年收入3.6万元以上。在种植技术上，宁夏积极推广标准化种植、绿色防控技术，确保枸杞质量安全。在加工环节，围绕“果、叶、茎”开发利用，枸杞产品种类不断丰富，枸杞粉、枸杞籽油胶囊等枸杞功能性食品，以及枸杞咖啡、枸杞巧克力豆、枸杞啤酒、枸杞白兰地、枸杞冰激凌等。在销售上，宁夏枸杞销往58个国家和地区。同时，宁夏枸杞注重品牌打造，2023年，“宁夏枸杞”品牌价值突破200亿元，通过举办枸杞文化节等活动，品牌知名度、美誉度得到提升。

4.1.3.4　遵义辣椒产业集群

2023年，遵义全市完成辣椒种植面积近200万亩，鲜椒累计产量265万吨，产值95亿元，带动50余万户农户增收致富；实现加工产值48亿元，带动4000余人稳定就业；中国辣椒城实现干辣椒交易量29万吨，交易额63亿元，带动全市3000余名辣椒经纪人开展辣椒贸易。认证有“遵义朝天椒”“绥阳子弹头”“黄杨小米辣”地理标志农产品和“虾子辣椒”原产地域保护产品，贵州朝天椒产业集群是首批国家级优势特色产业集群，形成以播州指形朝天椒、绥阳子弹头辣椒、湄潭团籽椒等为代表的辣椒种植规模产业带。

由此可以看出，遵义辣椒种植面积大、产量多，设施与仓储完备，遵义辣椒拥有多个地理标志产品和商标，体现了其在辣椒产业中的独特地位和品牌价值。且遵义辣椒重视选种的投入和研发，遵义凭借其多样的地形地貌和悠久的种植历史，成为天然辣椒基因库。

4.2　特色农业产业集群测度方法

4.2.1　产业集群测度方法

目前，国内外学者提出了许多测度产业集聚程度的方法，如行业集中度、赫芬达尔—赫希曼指数、区位熵、空间基尼系数、空间分离指数等。

（1）行业集中度

该指标借鉴于产业组织理论中企业市场集中度，计算公式为：

$$CR_n = \sum_{i=1}^{n} x_i / \sum_{i=1}^{N} x_i$$

式中：CR_n 代表某行业规模最大的前 n 个地区占全部地区的比重；x_i 代表行业中第 i 位地区的产值（或就业人数等）；N 代表拥有该行业的全部地区数。

行业集中度计算简单，使用频率较高，但是由于该指标观察区域数 N 由使用者主观确定，这导致计算结果具有波动性，同时，行业集中度仅反映了该行业中规模排名靠前的几个地区占总体的份额，无法反映区域之间的差别。

（2）赫芬达尔—赫希曼指数

简称赫芬达尔指数，最早由 Herfindahl[52] 提出，最初是用来测量产业市场集中度的指标。计算公式为：

$$H = \sum_{i=1}^{N} \left(\frac{x_i}{x} \right)^2$$

式中：H 为赫芬达尔指数；x 代表市场总规模；x_i 代表 i 企业的就业人数（或总产值等）；N 代表行业内的企业数（通常在计算式赫芬达尔指数时，在企业数据无法获得的情况下也可采用地区比重替代企业比重）。

赫芬达尔指数取值在 0~1 之间，是一个绝对指标。赫芬达尔指数取值越接近于 1，表明行业的集中度越高，反之越低。指数为 1 时，说明该行业完全集中在一个地区；等于 1/N 时，表明该行业平均分布在每个区域。但是该指标对行业份额较大的企业或地区的比重变化比较敏感，并且没有考虑空间内行业的差异性，限制了该指标的适用性。

（3）区位熵

亦称专门化率，Haggett[53] 于 1965 年首次提出，并在区位分析中使用。该指标可以反映某个产业的专业化程度，可以用来分析区域产业的优势状况，也可以用来衡量某一生产要素的空间分布特征。计算公式为：

$$LQ_{ij} = \frac{q_{ij}/ q_j}{q_i/q}$$

式中：LQ_{ij} 代表 j 地区 i 行业的区位熵；q_{ij} 是 j 地区 i 行业的就业人数（或产值）；q_j 衡量的是 j 地区的就业人数（或工业总产值）；q_i 代表 i 行业的就业人数（或产值）；q 代表全部地区的就业人数（或工业总产值）。$LQ_{ij}>1$，表示 i 行业在地区 j 的比重高于全部地区的平均水平；$LQ_{ij}<1$，表示 i 行业在地区 j 的比重小于全部地区的平均水平；$LQ_{ij}=1$，表示 i 行业在地区 j 的比重等于全部地区的平均水平。

区位熵指标计算简单且数据易得，但是该指标在衡量行业地理集聚时并没有统一标准，并且由于该指标是一个相对指标，无法衡量行业集聚的绝对规模。因此，即使一个行业的产值（或就业人数等）非常小，其区位商的数值也可能依然很高。

（4）空间基尼系数

亦称克鲁格曼空间基尼系数，是 Krugman[54] 根据收入分配基尼系数演化而来，用以衡量制造业在地理空间分布上的不均匀程度。计算公式为：

$$Gini_i = \frac{1}{2N^2 \bar{S}^k} \sum_{i}^{N} \sum_{j}^{N} \left| S_i^k - S_j^k \right|$$

式中：$Gini_i$ 表示空间基尼系数；N 为地区总数；$\bar{S}^k$ 表示行业 k 在各地区间的平均份额（本文中，k 指 GDP）；i 和 j 分别表示两个不同的地区。空间基尼系数值在 0~1 之间变化，取值为 0，表示经济活动或产业分布完全均衡；若取值为 1，则表示该产业或经济活动完全集中在一个地区。

空间基尼系数以全部行业作为比较基准，使不同行业之间的计算结果具有可比性，因此得到了广泛的应用。但与区位熵一样，空间基尼系数没有区分集聚与分散的明确标准，并且无法衡量一个行业在一个地区的集聚程度。

（5）空间分离指数

由于上述传统的地理集聚指标只能表明一个行业在几个或多个地区的集中程度，无法反映地区之间是否相连。鉴于此，Midelfart-Knarvik 等[55]

提出了考虑到空间距离因素的空间分离指数作为对传统集聚指标的补充，并以此来测量行业在地区间的分离程度。计算公式为：

$$SP_i = C\sum_{j=1}^{n}\sum_{i=1}^{n}(S_{ij}S_{il}\delta_{jl})$$

式中：δ_{jl} 表示两地区 j 与 l 之间的距离；S_{ij} 表示 i 行业占 j 地区的产值（或就业）的比重；S_{il} 表示 i 行业占 l 地区的产值（或就业）的比重；C 是一个常数。SP_i 表示空间分离系数，$SP_i \in [0, 1]$，SP_i i 越接近于 1 说明产业空间集聚程度越小，反之越大；当 SP_i 取值为 0 时，说明这个行业完全集中在一个地区。

（6）EG 指数

针对空间基尼系数未考虑企业规模的差异而可能导致其指标失真的情况，Ellison&Glaeser[56] 提出了基于地区自然优势和行业内企业技术外溢两种因素的新的集聚指标。计算公式为：

$$\gamma_i = \left\{\sum_m (s_{mi} - x_m)^2/(1 - \sum_m x_m^2) - H_i\right\}/(1 - H_i)$$

式中：γ_i 表示 EG 指数；s_{mi} 为地区 m 行业 i 就业人数占全国该行业总就业人数的比重；x_m 为该地区就业人数占全国总就业人数的比重，H_i 为使用企业层面数据计算的赫芬达尔指数。同时，Ellison&Glaeser 将 $G_{EG} = \sum_m (s_{mi} - x_m)^2$ 定义为该行业的地理集中度指数。

（7）MS 指数

虽然 EG 指数考虑了地区自然优势和行业内企业技术外溢两种因素对企业区位选择的影响，但是 Ellison&Glaeser 并未对这两个因素的影响进行分开估计。针对 EG 指数的缺陷，Maurel 和 Sédillot[57] 在其基础上构建了考察溢出因素的新指标。计算公式为：

$$\widehat{\gamma_i} = \left\{\left(\sum_m s_{mi}^2 - \sum_m x_m^2\right)/(1 - \sum_m x_m^2) - H_i\right\}/(1 - H_i)$$

式中：$\widehat{\gamma_i}$ 表示 MS 指数；s_{mi} 为地区 m 行业 i 就业人数占全国该行业总就业人数的比重；x_m 为该地区就业人数占全国总就业人数的比重，H_i 为使用企业层面数据计算的赫芬达尔指数。

将 MS 指数与 EG 指数进行比较，不难看出，当行业在各地区平均分布的情况下，两个指数才相等。

（8）基于距离的集聚指标

由于产业的空间集聚程度会随着观测层面的不同而发生变化，而大多数学者都是基于行政区划层面来研究产业空间集聚现象。在 K 函数和 L 函数的基础上，Marcon&Puech[58]提出了基于地理空间距离来测度产业集聚的多空间尺度方法。计算公式为：

$$L(r) = \sqrt{\frac{K(r)}{\pi}} - r$$

式中：K 为核密度函数；r 为半径。$L(r) > 0$，说明该行业空间分布呈现集聚状态，反之，则呈分散状态。在实际应用中，由于 K 函数和 L 函数的具体分布无法得知，方差也无法估计。一般是利用蒙特卡洛模拟方法估计考察区域的随机分布函数，进而计算 L 值。因此，由于 L 函数计算方法比较复杂且计算量非常大，导致该方法在实证分析中的应用相对有限。

（9）联合集聚指数

1997 年，Ellison&Glaeser[59]在 EG 指数的基础上，推导出联合集聚指数来测算不同行业之间的联合集聚现象。计算公式为：

$$\gamma c = \left\{ \sum_{m} (s_{mi} - x_m)^2 / (1 - \sum_{m} x_m^2) - H - \sum_{i=1}^{l} \gamma_i w_i^2 (1 - H_i) \right\} / (1 - \sum_{i=1}^{l} w_i^2)$$

式中：γc 表示联合集聚指数；s_{mi} 为地区 m 行业 i 就业人数占全国该行业总就业人数的比重；x_m 为该地区就业人数占全国总就业人数的比重；H_i 为使用企业层面数据计算的赫芬达尔指数；w_i 表示行业 i 占联合聚集行业的比重。

当只测算两个行业之间的联合集聚时，公式（9）可简化成为：

$$\gamma c = \left\{ \sum_{m} (s_{m1} - x_m) / (s_m^2 - x_m) \right\} / (1 - \sum_{m} x_m^2)$$

在国内已有的文献中，联合集聚指标的使用不如 EG 指数普遍。

（10）Hoover 地方化系数

Hoover 地方化系数由 Hoover[60]于 1936 年提出。首先，在计算某行业区位熵的基础上，对这个行业所有地区的区位熵进行降序排列，得到所有观察地区区位熵的序列组合；其次，计算该行业在各地区产值的累积百分比和各地区总产值的累积百分比并绘制在 y 和 x 坐标轴上，由此构成该行业的地方化曲线。行业地方化曲线与45度直线围成的面积与曲线所在思维三角形区域面积的比值即为 Hoover 地方化系数。与空间基尼系数一样，Hoover 地方化系数取值范围为［0，1］，越接近于1，表明该行业空间分布越集中，反之，则越分散。

除上述本文所列举的指标外，测度产业集聚的方法还有 Isard 指数、熵指数、Entropy 指数等。就目前国内学者的研究来看，采用区位熵、行业集中度、赫芬达尔指数和空间基尼系数较多，随着微观数据的逐渐普及，EG 指数的运用不断增多，而对 MS 指数、联合集聚指数、L 函数等运用得较少[61]。

4.2.2 特色农业产业集群测度方法

依据特色农业的区域分布的特征，本研究选取区位熵来度量特色农业产业集聚程度，更好地反映不同地区特色农业的集聚水平和分布情况。以区位熵理论为基础并结合相关学者的研究[57]，将区位熵定义为通过评估不同地区的要素分布情况，来揭示各地区的专业化程度的一种测量方法。一般来说，区位熵值越高，说明该地区某特色农业产业集聚程度越高，区位熵值越低，说明该地区某特色农业集聚程度越低。通常用 LQ_{ij} 作为判断是否形成集聚的分界线。区位熵通过如下公式计算：

$$LQ_{ij} = \frac{q_{ij}/\,q_j}{q_i/q}$$

从数据的可获取性出发，本研究通过计算某地区特色农产品种植面积占该地区所有农作物播种面积之比与全国该特色农产品的种植面积占全国农作物播种面积之比的比值来得出特色农业的区位熵指数。具体来说，公式中，LQ_{ij} 表示 j 地区特色农业的区位熵，q_{ij} 表示 j 地区特色农产品种植面积，q_j 表示 j 地区农作物播种面积；q_i 表示全国特色农产品种植面积，q 表示全国农作物播种面积。考虑到地区规模差异，避免出现由于规模较小而区位熵较大，或是规模较大而区位熵较小的情况。本研究参考 Flegg 等人提出的 FLQ 公式引入地区生产规模权重[62]，对区位熵公式进行修正为：

$$FLQ_{ij} = LQ_{ij} \times \lambda$$

$$\lambda = [\log_2(1 + q_{ij}/q_i)]\delta$$

δ 为敏感度，$\delta = 0.3$ 代表中等程度敏感

为对不同区域的特色农业产业集聚水平进行系统的横向比较和剖析，参考路江涌等[63]学者提出的分类方法，将 FLQ_{ij} 分为高度集聚、中高度集聚、中低度集聚、低度集聚四类。具体的划分标准如下：以当年 FLQ_{ij} 的平均值和标准差为界限，FLQ_{ij} 高于当年两者之和时为高度集聚；低于两者之和但高于平均值时为中高度集聚；低于平均值但高于两者之差时为中低度集聚；低于两者之差为低度集聚。

4.3 产业集群发展面临的技术创新瓶颈

4.3.1 农业科技创新投入不足

目前，一些特色农业产业集群在农业科技创新方面的投入明显不足，制约了产业的升级与发展。

在社会资本投入方面，农业产业投资周期长、风险高、收益相对不稳定等特性，使得很多企业和投资者对农业科技创新望而却步。以农业无人机研发应用为例，虽然无人机在农业植保、监测等方面具有巨大潜力，能够大幅提高农业生产效率和精准度，但由于前期研发成本高，一架高性能农业无人机的研发成本可达数百万甚至上千万元，且市场推广难度大，需要投入大量资金进行宣传和培训，很少有企业愿意大规模投入资金进行研发和生产。这导致农业科技创新缺乏足够的资金支持，难以实现快速发展和突破。

4.3.2 技术研发与应用脱节

在我国特色农业产业集群发展进程中，技术研发与应用之间存在的脱节现象，阻碍了农业科技创新成果向实际生产力的有效转化。

科研单位和高校作为农业技术研发的重要力量，虽然取得了很多成果，但一些成果在实际应用推广中却面临重重困难。如在农作物品种改良中应用基因编辑技术、智能精准农业系统等诸多农业新技术，虽在实验室环境下表现出良好的性能和潜力，但在特色农业产业集群实际生产场景中应用这些技术面临不少难题。比如，一些农作物基因编辑技术虽然能够培育出理论上更具优势的品种，但由于对种植环境的苛刻要求，在不同区域的土壤和气候条件下适应性较差，在广大特色农业产区很难大面积推广。智能化精准农业系统需要高设备投入和专业技术人员维护，对于以中小规模经营为主的特色农业产业集群中的农户和企业而言，成本过高，操作复杂，导致他们接受程度不高。有关调查显示，我国农业科研成果转化率仅为40%左右，远低于发达国家70%~80%的水平，大量科研成果束之高阁，对产业发展的推动作用未能真正发挥出来。

农业企业在技术创新过程中，也存在短视行为，一些企业过于注重短期经济效益，把主要精力和资金投入到产品生产和市场销售环节，而忽视了长远的技术研发规划。如在特色农产品加工领域，一些企业为降低成本，长期沿用传统加工工艺，即使有新的高效节能加工技术问世，也不愿积极采用，原因是担心技术改造需要投入大量资金和时间，影响当期利润。这种短视行为使得企业技术研发缺乏系统性和持续性，难以形成具有核心竞争力的技术成果。当市场竞争加剧，对产品质量、生产效率等提出更高要求时，企业往往因缺乏技术储备而陷入困境，这会对整个特色农业产业集群发展造成影响。

4.3.3 农民科技素质与创新意识较低

农民作为特色农业产业集群发展的核心主体，其科技素质与创新意识的高低，对农业产业集群的技术创新与长远发展起着关键作用。然而，当前我国农民在这两方面的不足，成为制约特色农业产业集群进步的重要因素。

从受教育程度来看，据统计，我国农村劳动力受教育程度呈现提高趋势。根据中央财经大学人力资本与劳动经济研究中心发布的《中国人力资本报告 2024》数据显示，从 1985 年到 2022 年，乡村劳动力人口的平均受教育年限从 5.47 年上升到了 9.37 年，但是初中及以下文化程度的占比高达 70%以上。较低的文化水平限制了农民对现代农业科技知识的理解和掌握。在特色农产品种植过程中，如在一些特色蔬菜产业集群地区，当地农民由于缺乏对病虫害绿色防控技术的了解，依然过度依赖传统化学农药，不仅导致蔬菜农药残留超标，影响品质和市场销售，还破坏了土壤生态环境。同时，对于精准施肥技术，很多农民难以理解其原理和操作方法，依旧按照经验施肥，造成肥料浪费，增加生产成本的同时，还可能影响农作物生长。

在创新意识方面，农民普遍比较保守，对新技术、新设备、新管理模式的接受和运用速度较慢。以无人机应用于农业为例，在广大农村，特别是特色农业产区，无人机的普及率依然较低，尽管无人机在植保、农田测绘等方面具有高效、精准的优势。但对于无人机这种新型农业装备，很多农民习惯了传统的人工作业方式，担心操作不当损坏装备，或者认为效果没有传统的好，而不愿意尝试。在特色农产品销售环节，一些农民面对电商直播等新兴销售模式，缺乏主动参与意识，过度依赖线下传统销售渠道，错失了市场拓展、增收良机。这种对创新的抵触情绪，使特色农业产业集群难以借助新技术、新模式实现快速发展，在市场竞争中逐渐处于劣势。

4.3.4 缺乏有效的技术创新合作机制

在特色农业产业集群的发展进程中，技术创新合作机制的缺失，严重阻碍了各类创新主体之间的协同联动，制约了技术创新的活力与效率。

在产学研合作层面，科研单位、高校与农业企业的合作存在诸多痛点。一方面，信息沟通渠道不畅，科研单位、高校集中力量进行前沿技术攻关，成果丰硕，但往往难以及时将这些成果传递到农业企业。比如，某高校研发出一种新型农产品保鲜技术，可以有效延长农产品保质期，但周边特色农产品加工企业由于缺乏有效的信息发布和对接平台，对此一无所知，导致该技术未能在实际生产中应用。另一方面，利益分配机制不够合理，科研单位、高校、企业等在合作项目中，很难约定成果转化后的利益分配。企业在技术应用和市场推广上投入巨资，期望获得更大的利益回报；科研单位和大学则认为，自己的技术研发是核心，在利益分配上要占主导地位。这种矛盾使得一些产学研合作项目中途夭折，无法形成可持续的合作模式。

企业与农民的合作同样存在短板。在特色农业产业集群中，虽然有企业通过订单农业等形式与农民建立了联系，但在技术创新合作上深度不足。企业往往只注重农产品的收购数量和价格，对农民的技术培训和指导投入很少。如某特色果业集群，企业与农户签订收购合同，但在种植过程中，面对病虫害频发、果品质量下降等问题，企业未能及时派出技术人员，为农户提供有效解决办法。农民缺乏专业技术支撑，只能凭借经验应对，导致水果产量和质量双双下降，既影响农民收入，又使企业产品竞争力下降。此外，农户担心企业随意压低收购价或违约，企业担心农户不按标准生产，致使双方难以形成深度合作关系，限制了特色农业产业集群整体技术水平提升。

4.4 市场竞争与营销渠道问题

4.4.1 同质化竞争严重

同质化竞争问题日益突出，成为特色农业产业集群蓬勃发展背后制约产业纵深发展的关键因素。

从产品来看，许多特色农业产业集群产品类型高度相似，以水果产业集群为例，不少地区大力发展苹果、梨等常见水果种植，产品品种、品质相差不大，同一销售季大量同类水果涌入市场，造成市场供应过剩。市场竞争异常激烈，这使得各个生产主体为了销售产品，只能在有限的市场空间里争抢份额，不得不压低价格，利润空间被严重压缩，生产企业的经营状况也因此而变得更加艰难。

在品牌建设方面，同质化现象也十分突出，不少特色农业产业集群缺乏品牌的差异化塑造，品牌定位模糊，宣传口号、品牌形象千篇一律。比如，“有机”和“绿色”理念在多个茶叶产业集群中被重点强调，品牌之间缺乏独特的价值主张和竞争优势，消费者在面对这些品牌时，对其产品特性、品质差异等的辨别存在一定的难度，造成品牌忠诚度不高。在市场竞争中，品牌无法发挥有效的引流和溢价作用，产业集群整体竞争力难以提升。

价格竞争是同质化竞争的突出表现，由于产品和品牌缺乏差异化，企业和农民往往只能通过价格战来争夺市场份额，在特色农产品销售旺季，部分地区甚至出现恶性竞争，价格一降再降，价格倒挂现象时有发生。这不仅对生产者利益造成损害，而且对特色农业产业集群的可持续发展造成影响。长期的低价竞争，使农业企业和农民缺乏足够的资金进行技术创新、品牌建设和市场拓展，陷入了“质次价低、利润低、投入少”的恶性循环，在市场竞争中难以脱颖而出。

同质化竞争还导致市场资源浪费，各特色农业产业集群在产品生产、品牌创建、市场推广等方面重复投入，难以形成独特竞争优势。大量的人力、物力、财力在无意义的竞争中消耗殆尽，而研发、创新、品牌建设等真正能提升产业核心竞争力的环节却得不到足够的资源支持，阻碍了特色农业产业集群向精品化发展的步伐。

4.4.2 品牌建设滞后

在特色农业产业集群发展进程中，品牌建设滞后已成为不容忽视的问题，极大地限制了产业的市场拓展与价值提升。

许多农业企业和农民对品牌认知不强，仍抱着传统的产销理念，将主要精力集中在农业产品的种植和简单加工上。他们认为，只要产品质量过关，就能在市场上立足，对品牌提升产品附加值、提升市场竞争力的关键作用认识不足。比如，在一些特色农产品产区，农民只管把农产品种出来，然后再以较低的价格批量卖给收购商，对自己品牌的打造没有概念，致使市场上优质的特色农产品难以体现其应有的价值，农民对此也不能抱有足够的信心。

品牌定位模糊也是普遍问题，一些特色农业产业集群在品牌建设时，未能准确挖掘自身的特色和优势，缺乏对目标市场和消费者需求的深入调研，导致品牌定位宽泛、个性缺失，在消费者心中难以留下深刻印象。以某一特色花卉产业集群为例，其品牌定位既想突出花卉的观赏价值，又想强调其药用价值，还试图涵盖生态环保概念，但由于没有明确的侧重点，导致品牌形象混乱，消费者对品牌核心价值难以理解，从而削弱了品牌的吸引力和竞争力，在此基础上，该品牌的品牌形象也被消费者忽略。

品牌推广乏力，进一步阻碍了特色农业产业集群的品牌建设，特色农产品品牌推广渠道较工业品和快消品而言，相对狭窄，推广方式也较为单一。主要依靠线下传统展销会、批发市场等渠道进行销售推广，而对互联网、新媒体等新兴推广渠道运用不足，很多农业企业和农民缺乏专业的品牌推广团队和资金投入。在信息爆炸的今天，传统的促销方式，很难让特色农产品品牌快速扩散，也很难吸引更多消费者的眼球。虽然部分地区已经注册了特色农产品品牌，但由于缺乏有效的宣传，品牌知名度和美誉度都很低，品牌的应有作用就发挥不出来。

品牌建设滞后还使得特色农业产业集群在面对市场竞争时处于劣势。在消费者越来越注重品牌的今天，缺乏知名品牌的特色农产品难以在市场上获得较高的价格和市场份额，限制了产业的经济效益和可持续发展。同时，品牌建设滞后也不利于特色农业产业集群整合资源，吸引投资和人才，影响了产业的整体升级和发展壮大。

4.4.3 营销渠道单一且不畅

在特色农业产业集群的发展过程中，营销渠道单一且不畅成为制约产业发展的一大瓶颈。

目前，多数特色农业产业集群过度依赖传统营销渠道。农产品批发市场和农贸市场是主要的销售终端，农业企业和农户将特色农产品运输至这些场所，再由批发商、零售商层层分销。这种模式中间环节繁多，不仅增加了农产品的流通成本，还导致价格波动较大。例如，某特色水果从产地到消费者手中，价格可能会上涨50%~100%，过高的价格削弱了产品在市场上的竞争力。而且，由于传统渠道的销售范围有限，特色农产品往往局限于周边地区销售，难以拓展更广阔的市场空间，限制了产业集群的规模扩张。

在新兴营销渠道的运用上，特色农业产业集群表现不佳，随着互联网的普及，电商平台、直播带货等新兴营销方式发展迅猛，但不少农业企业和农户对这些渠道的利用不足。一方面，一些农业从业者缺乏互联网营销知识和技能，对电商平台的运营规则不了解，特色农产品在电商平台上难以有效地进行展示和销售；另一方面，对于一些资金实力较弱的农业企业和农户来说，开展网上营销，需要一定的技术和资金投入，如建电商网站、购买直播设备、开展网络推广等，这些费用都是难以承受的。这使得大量特色农产品错过了通过新兴渠道拓展市场的时机，不能满足消费者日益多元化的购买需求。

物流配送也是影响特色农业产业集群营销渠道畅通的重要因素，大部分特色农产品具有易变质、保鲜期短等特点，对物流配送的时效、保鲜条件等都有较高的要求。而农村地区物流基础设施建设相对滞后，冷链物流发展不完善，很多偏远地区甚至缺乏基本的物流配送服务，这就造成了在运输过程中，特色农产品损耗较大，质量难以得到保障。据《农产品仓储保鲜冷链物流建设研究报告（2021 年）》报告显示，我国蔬菜、水果等生鲜类农产品的产后损耗率达到 30%～40%，肉类可达 12%左右，物流配送不畅不仅增加了营销成本，还降低了消费者的购买体验，进一步阻碍了特色农业产业集群的市场拓展。

4.4.4 市场信息不对称

在特色农业产业集群的发展进程中，市场信息不对称问题愈发凸显，严重制约了产业的健康发展。

从生产环节看，农业企业和农民往往难以获得准确全面的市场需求信息，一方面缺乏有效的市场调研渠道，在品种、品质、包装等方面难以满足消费者对特色农产品的多样化需求。例如，随着消费者健康意识的提高，对有机、低糖、高纤维的特色农产品需求日益增长，但许多生产者由于信息闭塞，仍按传统的生产方式种植加工，生产出来的产品不能满足新的市场需求，导致产品滞销。另一方面，农业企业和农民往往由于对市场走势判断不准，在生产规模决策上出现偏差，生产企业往往在市场上某一特色农产品价格上涨时，一哄而上，盲目扩大种植或养殖规模，而忽视市场饱和度，忽视潜在风险，从而导致生产规模与市场需求的偏离。一旦市场供过于求，价格暴跌，生产者将面临巨大的经济损失。

在销售环节，市场信息不对称也带来了很多问题，农业企业和农户与收购商、批发商信息沟通不畅，导致农产品销售价格难以合理确定。收购商、批发商往往掌握更多的市场价格信息和销售渠道资源，在与生产者进行交易时，具有更强的议价能力，生产者在价格谈判中处于劣势地位，难以获得农产品的合理收益。此外，生产者难以选择最优的销售渠道，影响农产品销售效率和利润率，原因是其缺乏对不同销售渠道价格和需求的了解。

造成市场信息不对称的原因主要有以下几点，一是农村地区信息基础设施建设相对薄弱，网络覆盖不足，导致农业从业人员获取信息的渠道有限。二是农业信息服务体系不健全，缺乏专业的信息收集、分析、发布机构，不能及时、准确、全面地为生产者提供市场信息。三是农业从业者自身信息素养较低，缺乏对信息的敏感度和分析能力，即使获取了信息也难以有效利用。

市场信息不对称对特色农业产业集群发展产生了诸多负面影响，一方面导致资源配置不合理，生产与市场需求脱节，造成农产品积压浪费，降低了农业生产的经济效益。另一方面，加剧了市场的不稳定性，价格波动频繁，损害了生产者和消费者的利益，也使特色农业产业集群的可持续发展受到阻碍。

4.5 产业链整合与协同发展难题

4.5.1 产业链上下游企业合作松散

在特色农业产业集群中，产业链上下游企业合作松散，严重阻碍了产业的整合与协同发展。

从合作模式来看，许多上下游企业之间仅维持着简单的买卖关系，缺乏长期稳定的合作协议。在农产品原料供应环节，种植户或养殖户往往根据短期价格波动决定供应对象，一旦其他收购方给出更高价格，便随意更换合作企业。例如，某特色水果产业集群中，水果种植户在水果成熟季，常因一时的价格差异，放弃与长期合作的果汁加工企业，转而将水果卖给出价稍高的小商贩，导致果汁加工企业原料供应不稳定，生产计划被打乱，影响产品的持续供应和企业信誉。

利益分配机制不合理是合作松散的重要原因。产业链上游的生产者，如农户和小型农业企业，在利益分配中常处于弱势地位。下游加工企业和销售商凭借资金、市场渠道等优势，获取了大部分利润，而上游生产者仅能获得微薄收益。这种不公平的利益分配使得上游生产者积极性受挫，不愿与下游企业建立紧密合作关系。

信息共享不畅也加剧了合作松散的局面。上下游企业之间缺乏有效的信息沟通平台，在市场需求、产品研发、生产计划等方面信息交流不足。下游加工企业对市场需求变化的感知不能及时传递给上游生产者，导致生产者生产的农产品与市场需求脱节。例如，市场对某种特色农产品的低糖、低盐加工需求增加，但由于信息传递不畅，上游种植户依旧按照传统标准种植，使得收获的农产品不符合加工企业的新要求，造成资源浪费和合作矛盾。

产业链上下游企业合作松散还导致产业集群整体竞争力下降。在面对外部市场竞争时，由于缺乏协同作战能力，无法形成规模效应和品牌优势。各企业各自为战，难以在产品质量提升、成本控制、市场拓展等方面形成合力，限制了特色农业产业集群向更高层次发展。

4.5.2 农业生产与加工、销售环节衔接不紧密

在特色农业产业集群的发展进程中，农业生产与加工、销售环节的衔接不紧密，成为制约产业协同发展的关键因素。

从农产品供应的稳定性来看，农业生产受自然因素影响较大，诸如气候异常、病虫害暴发等，都可能导致农产品产量大幅波动。而加工和销售

环节通常依赖稳定的原料供应来维持运营，一旦生产环节出现供应不稳定的情况，加工企业就会面临原料短缺的困境，导致生产线闲置，增加生产成本。例如，在某特色蔬菜产业集群中，某年遭遇极端天气，蔬菜产量锐减，原本与加工企业签订供应合同的农户无法按时足量提供蔬菜，加工企业不得不高价从其他地区采购原料，或者暂停部分生产线，严重影响了企业的经济效益。

产品标准不一致也是环节衔接不紧密的重要原因，农业生产环节标准化程度低，不同农户或种植基地生产的农产品质量、规格差异大。而加工环节对产品标准有严格要求，要求统一规格、质量稳定，不达标农产品进入加工环节，不仅加工难度加大、加工成本提高，而且可能影响产品质量，影响市场销售。如水果加工业，水果的大小、甜度、色泽等指标不一致，会导致加工出来的果汁、蜜饯等产品品质参差不齐，难以满足优质产品的市场需求，因此，在水果加工行业中，水果的品质会产生一定的影响。

市场信息在农业生产、加工和销售环节之间的传递存在严重滞后。生产环节往往无法及时获取加工和销售环节对产品的最新需求信息，导致生产与市场需求脱节。当市场对某种特色农产品的包装、口味或功能有新的需求时，加工企业由于不能及时将这些信息反馈给生产者，生产者依然按照旧的标准和模式进行生产，生产出来的农产品不符合加工企业的新要求，造成农产品积压。同样，加工环节的产能变化、技术创新等信息也不能及时传递给销售环节，使得销售环节在市场推广和产品定价时缺乏准确依据，影响销售效果和市场竞争力。

阻碍特色农业产业集群全产业链高效运转的农业生产与加工、销售环节衔接不紧密，产业整体效益降低，市场竞争力下降。特色农业产业集群只有加强各环节的密切配合，统一标准，信息互通，才能有针对性地推动精品农业发展。

4.5.3 三产融合程度低

三产融合程度低，成为制约产业升级发展的重要因素，这是特色农业产业集群发展过程中面临的难题。

产业融合形式较为单一，大部分特色农业产业集群仅停留在农产品初级加工的简单层面，未能充分挖掘农业的多种功能。比如，在某一特色粮食产业集群中，多数企业只是将收获的粮食简单脱壳包装后进入市场销售，缺乏对粮食的深加工，缺乏开发特色糕点、酿造粮食酒等高附加值产品的能力或举措。这就使得二三产业集群发展空间有限，产业协同效应难以充分发挥。

各产业之间缺乏深度融合，农业生产、加工与销售、旅游、文化等产业未能形成有机整体。在一些特色水果产业集群开展的乡村旅游项目中，只是单纯地提供水果采摘服务，没有将水果种植文化、加工过程展示等融入其中，游客体验感差，难以形成稳定的客源。而且，农产品加工企业与旅游产业之间也缺乏互动，加工企业未能借助旅游平台推广产品，旅游产业也未充分利用加工企业的资源丰富旅游项目，无法实现产业间的优势互补与协同发展。

三产融合发展还面临着人才匮乏的困境。特色农业产业集群在向三产融合发展转型过程中，需要既懂农业又懂旅游、营销、文化创意等多领域知识的复合型人才。然而，目前这类人才十分短缺。以某特色花卉产业集群为例，在发展花卉主题旅游时，由于缺乏专业的旅游规划人才，旅游项目规划不合理，配套设施不完善，导致旅游收入增长缓慢，无法有效带动花卉产业的发展。同时，由于缺乏市场营销人才，特色农产品与旅游产品的市场推广效果不佳，知名度和影响力有限，限制了产业集群的进一步发展壮大。

三产融合程度低严重制约了特色农业产业集群的经济效益和社会效益提升，阻碍了产业集群向多元化、高质量方向发展。只有积极探索多元化的融合形式，促进各产业深度融合，加大人才培养与引进力度，才能有效提升三产融合水平，推动特色农业产业集群实现可持续发展。

4.5.4 产业集群内部协同创新能力弱

在特色农业产业集群的发展进程中，内部协同创新能力薄弱成为制约产业持续升级和竞争力提升的关键瓶颈。

首先，协同创新机制缺失是一大突出问题，产业集群内的创新主体，如企业、科研机构、高校等，缺乏有效的沟通协作平台，协同创新模式难以形成常态化。比如，科研单位专注于前沿农业技术的研究，却没有与产业集群内的企业建立起紧密的合作关系，导致科研成果不能及时转化为实际生产力，企业在生产过程中遇到的技术难题也难以迅速反馈到科研单位，寻求解决之道。这种脱节，使得创新资源无法高效整合利用，使特色农业产业集群技术创新的步伐严重受阻。

其次，创新资源的分散也使协同创新能力大大削弱，在特色农业产业集群中，资金、人才、技术等各类创新资源分散在不同主体手中，缺乏有效的统筹协调。企业各自为战，在研发投入上往往局限于自身能力和需求，在关键技术问题上难以形成合力，无法取得突破。以特色农产品种植中应用农业物联网技术为例，由于各企业分别进行技术研发和设备采购，不仅造成资源浪费，而且整个产业集群推广应用农业物联网技术难度大，规模效应难以发挥出来，技术标准不统一，导致企业无法实现规模化经营。

此外，协同创新能力不强也是产业集群内一些企业创新意愿不足的重要原因，一些企业对新技术、新管理理念接受度不高，主动参与协同创新动力不足，满足于传统的生产经营模式。他们担心创新带来的风险和付出的成本，不愿在技术创新和产品升级上投入资金和精力，这种保守的观念导致了产业集群内部创新活力不足，协同创新的良好氛围难以形成，进而影响了整个产业集群的竞争力和可持续发展能力。

产业集群内部协同创新能力弱，使得特色农业产业在面对市场竞争和技术变革时，难以快速反应，实现产业升级转型。提升特色农业产业集群整体竞争力，必须加强协同创新机制建设，整合创新资源，激发企业创新意愿，促进产业集群向创新驱动发展模式转变，必须加快推进特色农业产业集群转型。

5 城乡融合发展现状与困境

城乡关系是一个国家经济社会发展中最重要的关系之一。长期以来，受二元经济结构影响，城乡发展不平衡、农村发展不充分成为制约中国经济社会持续健康发展的突出矛盾。党的十九大报告首次提出“城乡融合发展”，并将其作为实施乡村振兴战略的重要路径，这为新时代破解城乡二元结构、实现城乡一体化发展指明了方向。推动城乡融合发展，旨在打破城乡分割的体制机制障碍，促进城乡要素自由流动、平等交换，实现城乡资源共享、优势互补、共同繁荣，这对于全面建设社会主义现代化国家、实现全体人民共同富裕具有重大战略意义。本章节将深入探讨城乡融合发展的现状，剖析存在的问题，并提出针对性的对策建议。

5.1 城乡融合发展的测度方法

5.1.1 指标体系构建原则

为保证评价结果的准确性与科学性，本研究在构建指标体系时主要遵循以下原则：

一是综合性原则。县域城乡融合在国家政策和学术研究层面都涉及要素、经济、社会、生态等多维度。因此本研究在构建指标体系时，结合城乡融合研究的新要求、新方向，力求全方位、多角度、真实地反映城乡融合发展水平。

二是创新性原则。城乡的发展会随着时间的推移或某些因素的演变而变化，如产业、收入等。因此城乡融合的指标也应随之变化，并体现出一定的时代性。因此应该选择更具创新性和有代表性的指标。

三是可比性原则。为使已建立的指标体系能在时间上纵向比较和空间上横向比较，选择指标时须确保指标系统口径和来源一致。县域城乡融合本身是个抽象的概念，通过选择可对比性的指标，尽可能进行量化，纵向和横向观察历年的以及各县域之间的城乡融合水平。

四是可操作性原则。主要是指所选指标是可量化的，同时也要考虑到数据的可获得性及权威性。指标数据均应从官方平台获取，鉴于县域数据的获取难度较大，对于无法获取或部分数据缺失的指标采取插值法或近似指标替换进行插补。

5.1.2 构建指标体系

关于城乡融合发展水平的评价，学者们已经做了大量的相关研究。

表1 城乡融合发展评价指标体系

维度	指标	指标说明	指标属性
经济融合	人均 GDP（元/人）	地区生产总值/总人口	+
	第三产业产值占比（%）	第三产业产值/生产总值	+
	城乡人均可支配收入比（%）	城镇居民人均可支配收入/农村居民人均可支配收入	+
社会融合	城乡人均消费支出比（%）	城镇居民人均消费支出/农村居民人均消费支出	+
	城乡恩格尔系数比（%）	城镇居民恩格尔系数/农村居民恩格尔系数	+
	城乡医疗保障水平（个/人）	医疗床位数/地区总人口	+
	基础教育师生比（%）	基础教育专任教师数/基础教育在校学生数	+
人口融合	城市化水平（%）	城镇人口/地区总人口	+
	农村非农劳动力比重（%）	农村非农产业从业人口/农村就业总人口	+

续表

维度	指标	指标说明	指标属性
生态融合	污水处理能力（%）	生活污水处理率	+
	人均绿地面积（km^2/人）	地区绿地面积/总人口	+
	污染状况（吨/km^2）	化肥施用量/农作物播种面积	-
空间融合	公路网密度（km/km^2）	公路总里程数/地区总面积	+
	城乡土地配置（%）	农作物播种面积/建成区面积	+

5.1.3　评价方法

结合城乡融合发展水平评价指标体系，从经济融合、社会融合、人口融合、生态融合和空间融合五个层面考虑，该系统包含的信息量较多，通过熵值法这种客观赋权的方法可以避免主观赋权的人为因素，更加科学地反映科技创新的真实水平。

先对原始数据进行标准化处理。考虑到各指标性质、量纲的不一致性，对指标进行标准化处理：

$$\text{正向指标：} x_{ij}=\frac{X_{ij}-\min X_{ij}}{\max X_{ij}-\min X_{ij}} \tag{1}$$

$$\text{逆向指标：} x_{ij}=\frac{\max X_{ij}-X_{ij}}{\max X_{ij}-\min X_{ij}} \tag{2}$$

其中，X_{ij} 为第 i 年第 j 个指标的原始数值，x_{ij} 为经过标准化处理的第 i 年第 j 个指标的值，$i=1, 2, \cdots, n$，$j=1, 2, \cdots, m$。

熵值法计算步骤如下：

第一，计算城乡融合发展水平评价第 i 个指标（$i=1, 2, \cdots n$）的特征比重：

$$p_{ij}=\frac{x_{ij}}{\sum_{i=1}^{n} x_{ij}},\ x_{ij}\geqslant 0 \tag{3}$$

第二，计算第 j 个指标的熵值：

$$e_j=-k\sum_{i=1}^{n} p_{ij}\ln p_{ij} \tag{4}$$

其中，$k>0$，$e_j>0$，$k=1/\ln n$。

第三，计算第 j 个指标的差异性系数：

$$g_i = 1 - e_j \tag{5}$$

其中，g_i 的大小与该指标的作用呈正相关关系。

第四，计算第 j 项指标占所有指标的权重：

$$w_j = g_j / \sum_{j=1}^{m} g_j \tag{6}$$

其中，w_i 为归一化后的权重系数。

第五，计算熵值法中城乡融合发展水平：

$$U_i(r) = \sum_{j=1}^{m} w_j x_{ij}, \ (i = 1, 2, \cdots\cdots, n) \tag{7}$$

其中，$U_i(r)$ 表示第 r 种评价方法中城乡科技创新水平，$r=1$，2，……，θ。

5.2 城乡融合发展现状

5.2.1 经济融合现状

5.2.1.1 产业协同发展

近年来，各地推进城乡产业协同发展取得一定成效，一些地区依托特色种植业、养殖业发展等延伸农业产业链，将农产品加工、销售等环节向城市延伸，城市的资金、技术、人才等要素向农村农业产业渗透，比如，一些农产品电商平台发展打破了地域限制，使农村优质农产品能更便捷地进入城市，城乡产业在流通环节实现有效对接。乡村旅游、休闲农业等新产业新业态不断涌现，成为城乡产业融合新亮点。城市居民到农村体验农事活动、享受乡村自然风光等，带动农村餐饮、住宿等服务业发展，促进城乡消费市场融合。据《经济日报》消息，2024 年全国休闲农业和乡村旅游接待人次超过 30 亿，营业收入突破 1.2 万亿元。

5.2.1.2 农村一二三产业融合

农村内部产业融合也在不断推进。农业产业化龙头企业发挥了重要引领作用，通过“公司+农户”“公司+合作社+农户”等模式，将农业生产、加工、销售等环节紧密联结起来。许多农产品加工企业建立了自己的原料生产基地，保证了原料的稳定供应和质量安全，同时也带动了周边农户的标准化生产，农村一二三产业的融合发展促进了农业附加值的提升，改变了以往农业单纯依靠初级农产品的局面。如在一些水果主产区，当地企业在发展水果深加工的同时，不仅采摘、销售水果，还生产果汁、蜜饯、果酒等产品，水果附加值大大提高，当地企业的生产经营成果得到了很好的发展。

5.2.2 人口融合现状

5.2.2.1 人口流动趋势

随着城镇化进程的加快，农村人口向城市流动成为长期趋势，大量农村劳动力进城务工经商，为城市建设发展提供了丰富的人力资源。根据国家统计局数据，我国 2022 年农民工总量达 2.956 亿人，其中 1.719 亿人外出务工。同时，近年来也出现了一些新变化，一些城市人口开始回流农村，特别是一些在城市积累了一定资金、技术和经验的人员，回到农村创业就业，发展特色产业，农村人口出现了新的变化。此外，随着农村基础设施和公共服务的逐步改善，一些城市退休人员也选择到农村养老，享受宁静的乡村生活，这种双向的人口流动促进了城乡之间的交流融合。

5.2.2.2 户籍制度改革进展

户籍制度改革是推进人口融合的关键。近年来，我国持续推进户籍制度改革，放宽城市落户条件，许多城市取消农业户口、非农业户口性质区分，统一登记为居民户口，消除了城乡户籍身份差别，建立了城乡统一的户口登记制度，完善了居住证制度，使在城市稳定就业和居住的农村人口能够享受与城市居民同等的基本公共服务，如一些城市规定持居住证人员享有与本地户籍居民同等的子女教育、医疗、住房保障等权利，户籍制度改革的推进，为农村人口融入城市创造了有利条件，加快了人口城镇化进程。

5.2.3 基础设施融合现状

5.2.3.1 交通设施一体化

交通基础设施的互联互通是城乡融合发展的基础。近年来，我国加大了农村交通设施建设力度，农村公路网络不断完善，2024 年 11 月 29 日发布的《新时代的中国农村公路发展》白皮书显示，截至 2023 年年底，我国农村公路总里程增长到 460 万公里，占我国公路总里程的 84.6%，具备条件的乡镇和建制村全部通硬化路、通客车，高速公路、高速铁路等交通大动脉不断向农村延伸，缩短了城乡间的时空距离。一些地区建设了城乡公交一体化网络，实现了城市公交线路向农村延伸覆盖，方便了城乡居民出行。交通设施改善促进了城乡物流发展，降低了物流成本，为城乡产业融合提供了支撑。

5.2.3.2 公共服务设施共建共享

在公共服务设施方面，城乡差距逐步缩小，在教育领域，通过实施义务教育均衡发展战略，加大对农村教育的投入，改善农村学校办学条件，提高农村教师待遇，城乡教育资源配置更加均衡。许多城区学校通过教师交流、远程教学等方式与农村学校开展结对帮扶活动，向农村输送优质教育资源；在医疗卫生领域，乡镇卫生院、村卫生所规范化建设水平明显提升，农村医疗卫生服务体系不断完善。同时，通过建立城乡居民基本医疗保险制度，实现了城乡居民在医疗保障方面的制度统一，提高了农村居民的医疗保障水平。此外，文化、体育等公共服务设施也逐步将覆盖范围延伸到农村，推动城乡居民在公共服务方面共建共享。

5.3 城乡融合发展存在的问题

5.3.1 体制机制障碍

5.3.1.1 土地制度制约

现行制度在一定程度上制约了城乡一体化发展，农村土地产权制度还不够完善，农民的土地财产权需要充分保障。农村集体经营性建设用地入市限制条件多，土地流转市场不够健全，导致优化配置、高效利用农村土地资源较难实现。如有的地方农村集体经营性建设用地入市，需要经过复杂的审批程序，收益分配机制不合理，影响了农民积极性和农村集体积极性。同时，宅基地制度改革进展缓慢，宅基地存在闲置浪费现象，农民宅基地财产权未能得到充分体现，无法有效盘活利用。

5.3.1.2 财政金融体制不完善

财政金融体制在支持城乡一体化发展方面存在不足，一些农村基础设施和公共服务建设资金来源缺乏稳定性，财政资金投入相对不足，投入结构不合理。在金融方面，农村金融服务体系不健全，农村融资难、融资贵问题突出，农村金融机构网点少、金融产品服务单一，难以满足农村产业发展和农民群众生产生活多样化的金融需求，金融服务体系亟待加强。加之农业保险发展滞后，缺乏有效分担机制，制约农村经济稳定发展的还有农业生产面临的自然风险和市场风险等。

5.3.2 要素流动不畅

5.3.2.1 人才流动障碍

人才是城乡融合发展的关键要素，但目前人才流动存在诸多障碍，一方面农村缺乏良好的环境和吸引人才的激励机制，基础设施和公共服务相对落后，职业发展空间有限，导致农村人才严重外流。许多农村籍大学生毕业后不愿意回农村发展，城市人才也不愿意到农村就业创业。另一方面，虽然国家出台了一些鼓励人才下乡的政策，但在实际执行过程中，存在政策落实不到位、配套措施不完善等问题，使得人才下乡的积极性不高。例如，一些地区在人才住房、子女教育等方面未能提供有效保障，影响了人才下乡意愿。

5.3.2.2 资金流动受阻

资金在城乡之间的流动还不够顺畅。农村地区由于产业基础薄弱、投资回报率低，对社会资本的吸引力不足。不少金融机构出于风险控制和盈利考虑，将大量资金投向城市地区，导致农村资金外流。同时，农村金融市场发育不完善，缺乏有效的抵押物和担保机制，使得农民和农村企业难以获得足够的信贷支持。此外，政府对农村产业发展的引导资金规模有限，难以撬动大量社会资本投入农村领域，制约了农村经济的发展和城乡产业融合的推进。

5.3.3 产业发展不平衡

5.3.3.1 农村产业竞争力弱

农村产业总体竞争力较弱，与城镇产业差距较大，一些地方农业产业现代化水平不高，生产方式较为粗放，科技含量低，农产品附加值不高，农村产业发展缺乏龙头企业带动，产业组织化程度低，产业链条短，市场抗风险能力弱。如一些农村地区的农产品，还停留在初级产品的形态，品牌建设、市场营销能力不足，在市场竞争中处于劣势。此外，农村产业发展面临的资源环境约束日益加剧，生态保护与产业发展之间的矛盾突出，制约了农村产业的可持续发展。

5.3.3.2 城乡产业关联度低

城乡产业之间关联度低，尚未形成紧密的产业协作关系，城市产业对农村产业的辐射带动作用不强，农村产业难以有效承接城市产业转移。同时，农村产业与城市市场对接不够紧密，农产品销售渠道不畅，市场信息不对称，导致农村产业发展与城市消费需求脱节。如一些农村地区生产的特色农产品，由于缺乏有效的市场推广和销售渠道，无法进入城市主流市场，造成产品滞销，加之城乡产业在技术、人才、资金等方面交流合作不够，限制了城乡产业融合发展的深度和广度。

5.4 国内外城乡融合发展的成功实践模式剖析

5.4.1 国外典型模式：美国、日本、德国等案例

美国模式：美国以高度发达的农业和大规模城市化发展为基础，实现了城乡一体化的发展。在农业方面，通过规模化农场经营和高度机械化、专业化生产，提高农业生产效率，降低生产成本，使农业成为农民收入水平较高、城乡居民收入差距较小、具有较强竞争力的产业之一。同时，交通、通信等基础设施建设完善，城市的资金、技术、人才等要素可以方便地向农村流动，农村也可以为城市提供优质农产品和生态休闲空间，促进城乡经济互动融合发展。比如，美国中西部的农业大州，依靠广阔的耕地资源发展现代化大农业，农产品大量外销，农村的生活质量和公共服务水平也随之提高，与城市一起构成区域经济的功能互补、协调发展格局。

日本模式：日本在城乡一体化进程中注重农村的全面发展和特色建设，通过制定一系列政策法规，加大对农村基础设施建设、农业现代化改造的投入，大力培育农村产业，促进了农村产业化进程，日本的农村产业发展和特色建设得到了新的发展。积极发展农产品深加工、乡村旅游等农村特色产业，为农民增收增加渠道，缩小城乡收入差距，做好农村特色产业的开发。此外，日本还重视乡村文化传承和生态环境保护，建设具有浓郁地方特色和田园风光的美丽乡村，吸引城市居民到乡村旅游、居住、创业，实现人口、资源在城乡间双向流动、良性互动。如日本的合掌村，以独特的传统建筑和乡村风貌，发展乡村旅游，成为享誉全球的乡村旅游胜地，带动当地经济发展和社区繁荣，走出了一条特色道路，实现城乡一体发展。

德国模式：德国城乡融合发展强调城乡均衡发展、区域协调发展。城乡规划上，注重城乡布局，通过完备的交通网络将城乡连在一起，形成城

乡一体化空间格局；产业发展上，发展中小城镇、农村地区的特色产业，合理分布产业，避免过度集聚在大城市；重视农村社会建设，促进公共服务均等化，农村具有与城市相当的教育、医疗、文化等公共服务设施，保障农村居民的生活质量，促进城乡居民生活方式、社会福利一体化，城乡融合发展更加深入稳定。如德国巴伐利亚州的很多小镇以制造业、农业为支撑，具有优质的教育、医疗资源，环境优美，吸引大量人口居住和就业。

5.4.2 国内先进地区经验：长三角、珠三角等地实践

长三角地区：长三角地区凭借优越的地理位置、雄厚的经济基础和密集的人口资源，在城乡一体化发展方面走在了前列，区域内的城市通过产业转移和分工协作，带动了周边农村地区的产业升级。同时，长三角大力推进交通一体化建设，拉近城乡时空距离，城乡经济联系和要素流动得到加强，交通一体化建设得到了有效的促进。公共服务方面，积极探索城乡统筹的社会保障、医疗卫生和教育资源共享机制，部分城市实现了城乡居民基本医疗保险并轨，优质教育资源通过集团化办学向农村延伸，提升了农村公共服务水平，促进了城乡一体化发展从经济领域向社会领域全面拓展，形成了多层次、宽领域的城乡一体化发展格局。

珠三角地区：珠三角地区以快速工业化和城市化带动城乡融合发展，通过发展外向型经济，吸引大量外资和技术，形成了以制造业为主导的产业体系，并向农村地区扩散。农村利用土地资源优势建设工业园区，吸引企业进驻，农民通过土地入股、工厂务工等方式实现增收，农业由传统农业向工业、服务业转变，农民收入得到较大提升。在城乡建设上，注重城乡基础设施的互联互通和生态环境的协同治理，建成了一批环境优美的新型城镇和农村社区，城乡建设得到了新的发展。例如，广东顺德的一些农村通过“村改居”和旧村改造项目，完善了基础设施和公共服务设施，发展特色文化旅游和创意产业，成为兼具城市功能和乡村特色的发展范例，展现了珠三角地区在城乡融合过程中以城带乡、城乡共建共享的发展路径，提升了城乡整体发展质量和竞争力。

5.4.3　经验借鉴与启示

国外和国内城乡融合发展的成功实践为我们提供了以下借鉴和启示：一是重视农业现代化发展，提高农业生产效率和产业竞争力，增加农民收入水平，缩小城乡经济差距，为城乡融合发展奠定坚实的经济基础；二是强化政府的规划引导和政策支持，制定科学合理的城乡融合发展战略和政策体系，加大农村基础设施建设、公共服务供给、产业培育等方面的投入，优化城乡资源配置，促进城乡协调发展；三是促进城乡要素自由流动和平等交换，打破户籍、土地、资本等要素流动障碍，建立城乡统一要素市场，引导城市要素向农村有序流动，激发农村发展活力；四是挖掘农村特色资源，发展乡村特色产业，如乡村旅游、农产品深加工等，打造乡村品牌，增强乡村自身的吸引力和发展潜力，促进城乡产业优势互补；五是强化城乡生态环境的协同保护和治理，将生态理念融入城乡融合发展全过程，推动城乡生态环境可持续发展，提高城乡居民幸福感和满意度，推动城乡融合发展走向更高水平，实现可持续之路。

5.5　城乡融合发展的对策建议

5.5.1　深化体制机制改革

5.5.1.1　完善土地制度

要以明晰农民对土地各项权利为出发点，加快推进农村土地制度改革，健全农村土地产权制度。推进农村集体经营性建设用地入市改革，建立健全城乡统一管理的建设用地市场，简化审批程序，合理确定土地增值收益分配机制，保障农民和农村集体合法权益。同时，深化宅基地制度改革，探索宅基地所有权、资格权、使用权“三权分置”，适度放活宅基地和农民房屋使用权，盘活利用闲置宅基地和农房资源，促进农村土地资源的优化配置和高效利用。

5.5.1.2 优化财政金融体制

加大对农村的财政资金投入力度，优化财政支出结构，重点支持农村基础设施、公共服务、产业发展等。建立健全财政资金稳定增长机制，与经济社会发展相适应，财政对农村投入要与经济社会发展相适应。健全农村金融服务体系，鼓励金融机构加大农村信贷投放力度，创新金融产品和服务，开发适合农村产业特点的金融产品，如农村土地经营权抵押贷款、农产品供应链金融等，加强农村信用体系建设，完善抵押物和担保机制，降低农村融资风险。大力发展农业保险，提高农业保险覆盖面和保障水平，增强农业生产抗风险能力。

5.5.2 促进要素自由流动

5.5.2.1 健全人才流动机制

制定和健全吸引人才下乡的政策措施，优化农村人才发展环境，加强农村基础设施和公共服务建设，提高农村生活品质，为人才提供良好工作生活环境；建立健全人才激励机制，通过财政补贴、税收优惠、创业扶持等手段鼓励城市人才到农村就业创业；加大农村本土人才培养力度，加大农村劳动力的职业技能培训力度，提高农民的综合素质和就业创业能力；建立城乡人才交流合作机制，鼓励城市人才与农村人才开展技术合作、项目合作等，促进人才资源在城乡之间合理配置。

5.5.2.2 引导资金合理流动

建立健全引导资金流向农村的政策体系，引导金融机构和社会资本通过财政贴息、以奖代补、风险补偿等方式，加大对农村产业发展的投入力度。建立农村产业发展基金，发挥财政资金撬动作用，加大农村金融市场监管力度，规范金融机构经营行为，防范金融风险，确保农村金融市场稳定健康发展，吸引更多社会资本参与农村产业项目投资，促进农村金融市场稳定健康发展。此外，还积极探索创新农村融资方式，如农村资产证券化等，为农村经济发展拓宽融资渠道、提供充足的资金保障。

5.5.3 推动产业融合发展

5.5.3.1 提升农村产业竞争力

加大农村产业扶持力度，推动农业产业现代化发展，加强农业科技创新，提高农业科技成果转化率，推广应用先进适用的农业技术与装备，提高农业生产效率和质量，培育壮大农村产业龙头企业，发挥龙头企业的引领带动作用，加强产业链上下游企业间的协作，提高产业组织化程度，加强农村品牌建设，培育一批具有地域特色和市场竞争力的农产品品牌，提高农产品附加值，加强农村生态环境保护，推动农村产业绿色发展，实现生态保护与产业发展的良性互动。

5.5.3.2 加强城乡产业关联

强化城乡产业的对接与协作，建立城乡产业融合发展的利益联结机制，引导城市产业向农村延伸产业链，支持农村产业承接城市产业转移，促进城乡产业优势互补，加强城乡市场流通体系建设，完善农产品冷链物流、电商平台等基础设施，拓宽农产品销售渠道，促进农村产业与城市市场的有效对接，加强城乡产业在技术、人才、资金等方面的交流合作，推动城市的先进技术、管理经验和人才资源向农村流动，促进农村产业发展水平的提升，积极发展农村新产业新业态，培育城乡产业融合发展的新增长点。

5.6 结论

城乡融合发展是解决新时代我国社会主要矛盾、促进经济社会高质量发展的必然要求。当前，我国城乡融合发展在经济、人口、基础设施等方面取得了一定成效，但是由于存在体制机制障碍、要素流动不畅、产业发展不平衡等问题，城乡融合发展的制度性障碍仍然存在。推动城乡融合发展向纵深推进，要进一步深化体制机制改革，完善土地制度和财政金融体制，破除制约城乡融合发展的体制机制障碍；促进人才、资金等要素在城乡之间自由流动，优化要素资源配置，促进农村产业发展，提高农村产业竞争力，强化城乡产业关联，推动城乡产业深度融合，不断缩小城乡差距，实现城乡共同发展，为全面建设社会主义现代化国家奠定坚实基础。

6 特色农业产业集群与城乡融合发展的互动关系

6.1 特色农业产业集群对城乡融合发展的促进作用机制

6.1.1 经济增长带动机制

（1）产业集群的增值效应

产业集群，是某一领域内关联公司（机构）在地理上的集中，涵盖同一类企业集聚以及上下游产业链和服务性行业的集聚。随着资源集中，产业集群会产生许多积极的连锁反应，带来显著的增值效应。

（2）成本降低效应

在产业集群内，企业能享受因分工细化带来的高效率。就像在一个生产流程中，若每人完整干完一个工作，效率低且质量难保证；但分工后，每人专注一项工序，经过协作就能产生更高效率，做出高质量工作。同时，由于空间临近性，企业在信息、交易、运输、劳动力等生产成本方面的投入大大减少。例如，企业面对就近的众多原材料供应商、设备供应商，能货比三家，以更低成本、更高要求、更快速度购买各种投入品，包括原材料、零部件、机器设备、服务以及人力资源，有效降低了企业经营成本。

（3）协同创新效应

产业集群内大、中、小企业构建起分工协作和配套网络。通过水平联系，企业与企业、企业与高校科研院所联合开展技术研发，推动技术创新。而且，国内外的用户、经销商、供应商汇集于此，各类最新的市场信息、产品信息和技术信息也在此汇聚，成为创新的源头。集群内部各种信息交流频繁，促使创新思想碰撞的机会增多，企业人员之间的交流也使得企业学习意愿更强烈，学习成本降低，更容易产生学习效应，从而推动整个产业的技术升级和产品创新，提升产业附加值。

（4）品牌与市场效应

产业集群有利于创立区域品牌。区域品牌表明区域的产业优势和产品特点，如同品牌影响力大的产品能获得更多消费者一样，品牌影响力大的区域能吸引更多的经销店、供应商、投资者以及各类人才。比如一提到五金，人们就想到永康。同时，产业集群与专业市场相互推进，产业集群有利于形成专业市场，专业市场的形成又进一步促进产业集群发展。有了专业市场，企业产品销售更便利，采购原料辅料方便且价格低，专业市场还是信息集散地，企业能据此及时改进产品、调整结构，不断降低成本，进一步扩大市场份额，增加产品的市场价值。

（5）产业生态完善效应

产业集群是中小企业发展的肥沃土壤。中小企业因缺乏足够资源和影响力，难以进入大型市场，通过产业链上下游集聚，中小企业得以“接近”集群内龙头企业，借助其规模和网络优势，迅速扩大市场份额并获得更多商机。同时，在产业集聚过程中，围绕龙头企业打造服务配套，招引上下游企业，不断完善产业配套体系和服务体系，产业链条不断延长。一家企业入园，能在园区内迅速找到所有研发、创新、生产所需要的政、产、学、研、金等关键要素，企业还会吸引自己的关联/配套企业入园，推进产业集群滚雪球式成长，形成更完善、更具竞争力的产业生态，提升整个产业集群的价值。

（6）对农村经济的拉动作用

在乡村振兴战略的大背景下，产业集群正逐步成为推动农村经济发展的重要引擎，以其独特的集聚效应和协同优势，在推动农民增收、农村产业结构优化等方面，发挥着举足轻重的作用。

产业集群能够吸引各类相关企业、产业要素向农村聚集，从而打破农村地区传统单一产业格局。比如，原本以传统农业种植为主的某农村，随着果蔬产业集群的形成，不仅吸引了大批果蔬种植户扩大种植规模，而且带动了上下游产业的发展，如农产品加工、冷链物流、包装印刷等。农产品加工企业将当地果蔬进行深加工，做成罐头、蜜饯、果汁等产品，不仅能提高农产品附加值，而且能延长农产品销售周期；冷链物流、包装印刷企业则为农产品运输、销售提供保障，从种植、加工到销售形成完整产业链。这种产业多元化发展模式，极大地丰富了农村经济业态，增强了农村经济的抗风险能力，是农村经济的重要抓手。

产业集群的发展为农村劳动力提供了大量的就业机会，一方面，集群式企业直接吸纳了农村剩余劳动力，让农民在家门口就能实现就业，减少了外出务工的奔波和成本，同时还能照顾到家庭。以服装产业集群为例，集群内的服装生产企业、辅料供应商、物流配送企业等，需要大量劳动力，从服装设计、裁剪、缝制到包装、运输等各个环节，为当地农民提供了丰富的就业岗位，而这些企业正是依托服装产业集群发展起来的。另一方面，产业集群的发展还带动了农村服务业的发展，如餐饮、住宿、零售等，进一步拓宽了农民的就业渠道，随着就业机会的增加，农民的收入水平也有了明显提高。农民不仅可以获得工资性收入，还可以通过土地流转、入股分红等方式获得财产性收入，实现了多渠道增收。

产业集群通过集聚效应和协同创新，有效提升农村产业竞争力，产业集群内企业之间相互竞争、相互协作，形成了良好的创新氛围。企业不断加大研发投入，引进先进技术设备，提高产品质量和生产效率，以求在竞争中脱颖而出，同时，产业集群也促进企业间知识、技术、信息的共享与传播，使企业取长补短，共同促进发展。如某农村家具产业集聚区，通过组建产业技术创新联盟，整合集群内科研资源，联合进行技术研发创新，成功攻克了家具生产中的多项关键技术难题，产品质量和附加值得到提升。此外，产业集群还能通过统一品牌宣传、统一质量标准、统一市场推广等方式，集中力量打造区域品牌，提升农村产业知名度和美誉度，提升农村产品的市场竞争力，扩大市场占有率。

产业集群的发展对农村基础设施提出了更高的要求，反过来又促进了农村基础设施的建设和完善，政府和企业为了适应产业集群发展的需要，在农村交通、水电、通信等基础设施方面加大了投入。如农村地区为方便原材料和产品运输，多修公路、铁路，改善了交通条件；为保障企业生产和居民生活用电需求，加大电网改造升级力度；为满足企业信息化发展需求，加快农村通信网络建设，光纤、5G 网络实现全覆盖等。基础设施的完善，为产业集群发展提供了有力保障，也改善了农村居民的居住条件，推动了农村社会发展。

产业集群对于农村经济具有全方位、多层次的带动作用，通过促进农村产业多元化发展、促进劳动力就业增收、提升产业竞争力、带动基础设施建设，集群为农村经济的发展提供强有力的动力，是实现乡村振兴的重要力量，未来要加大培育、扶持力度，发挥集群的优势，推动农村经济持续健康发展。

产业集群能为农村地区带来巨额税收增长，背后有多方面原因，首先，企业数量的集聚效应明显，众多同类型或上下游关联企业在同一区域内集聚，使得纳税主体数量大幅增加。以某农村地区的纺织产业集群为例，短短几年时间，从最初的几家小型纺织厂发展到如今涵盖原料供应、纺织加工、印染、服装制造等全产业链的数十家企业，纳税主体呈几何倍数增长。其次，产业集群发展推动企业规模扩张和效益提升。企业通过共享资源、技术交流合作，在集群内不断优化生产流程、提升产品质量，进而扩大市场占有率，营业收入和利润持续攀升，缴纳的增值税、所得税等也随之水涨船高，企业的经营成果不断涌现。比如，集群内一家原本规模不大的纺织企业，通过引进先进的生产设备，与上下游企业密切合作，产品打入国际市场后，年纳税额由最初的几十万元增加到上百万元，企业的经营状况也越来越好。此外，随着产业集群吸纳就业人数的增加，员工个人所得税也成为税收增长的重要组成部分。

产业集群带来的税收增长为农村公共服务的提升提供了坚实的资金保障，在教育领域，财政投入新建了现代化的教学楼，配备了多媒体教学设备、实验室等，使教学硬件水平得到了提升。同时，通过提高教师待遇等措施，吸引了一批学历高、经验丰富的教师扎根农村，农村学校教学质量明显提高、学生升学率和综合素质也明显提升，实现了农村学校师资力量的进一步增强。医疗方面，财政资金用于购置先进的医疗检测设备，如CT机器、全自动生化分析仪等，改善农村卫生院的诊疗条件。提高医务人员的薪酬待遇和培训机会，吸引更多专业的医疗人才，农村居民在家门口就能享受到更优质的医疗服务，诊断准确率、常见病治愈率都有了很大的提高。

财政资金对产业集群中小企业的扶持成效显著，以某获得研发补贴的从事农产品深加工的中小企业为例，其通过成功研发保鲜新技术，在获得财政研发补贴、产品保质期延长一倍、市场竞争力大幅提升的情况下，产品的销售金额同比增长了50%。贷款贴息政策也帮助不少企业缓解了资金压力，一家服装制造企业在贴息政策的支持下，顺利贷款购买了先进的生产设备，提高了30%的生产效率，产品质量达到国际标准，订单数量明显上升。这些扶持政策不仅促进了单个企业的创新发展，而且带动了整个产业集群向高端化、智能化、绿色化方向升级，进一步提升了农村产业竞争力，形成了产业发展与金融支持相互促进的良性循环，使农村经济实现了持续健康发展。

6.1.2　就业与人口流动机制

（1）创造大量就业岗位，吸纳农村剩余劳动力

围绕特色农产品，涵盖种植、养殖、加工、销售、物流等环节，形成了以特色农产品为核心的特色农业产业集群。在种植养殖端，随着特色农业规模的扩大，比如某地区发展特色水果种植产业集群，从果园开垦、育苗、日常养护到果实采摘，每个阶段都需要大量的劳动力，这就使得当地农村大量的闲置劳动力被充分利用起来。在加工环节，农产品初加工、深加工企业不断涌现，如水果做成果汁、蜜饯、罐头等，这些企业的生产经营中需要大量工人进行分拣、加工、包装等工作，为农村劳动力提供了稳定的就业机会，使农民在家门口就能实现由农工向产业工人的转变，在生产经营中，农民可以从一个普通的农民，变成一名产业工人。

（2）吸引人才回流，提升农村人口素质

特色农业产业集群的发展，在提供就业岗位的同时，也带来了发展机遇和良好的创业环境，许多在外打工、有专长的人才看到家乡发展特色农业产业的潜力，纷纷选择回乡创业或就业，这是他们在家乡发展特色农业产业的一大机遇。比如一些掌握农业技术、市场营销、电商运营等专业知识的人才回流，他们带来理念、技术、管理等方面的先进经验，也在这片土地上锻炼了自己。这些人才参与到特色农业产业中，促进了产业的创新发展，如利用电子商务平台拓宽销售渠道，引进先进种植技术，提高农产品产量和品质。同时，人才回流也促进了农村文化交流和观念更新，农村人口整体素质得到了提高。

（3）促进城乡人口合理流动，缩小城乡差距

作为城乡联系的纽带，特色农业产业集群促进了城乡人口双向流动。一方面，城市中的人才、资金、技术等要素向农村流动，城市的科技人员可以到农村指导特色农业生产，企业可以投资建设农产品加工基地；另一方面，农村劳动力在产业集群就业获得收入后，也会增加对城市商品和服务的消费，如购买家电、汽车，享受城市的教育、医疗等服务，促进了城市相关产业的发展。这种双向流动打破了城乡壁垒，促进了城乡资源的优化配置，缩小了城乡经济、社会、文化等方面的差距，促进了城乡一体化发展。

6.1.3 基础设施共建共享机制

（1）交通设施协同建设

特色农业产业集群的发展对交通便利提出了更高的要求，为保障特色农产品的高效运输，城乡之间将加强交通设施的协同建设，一方面，城市交通规划将向农村特色农业产区延伸，加大对乡村道路、铁路等交通干线的投入。如某蔬菜特色产业集聚区所在区域，政府出资建设公路支线，从城区到农村蔬菜种植基地，从田间地头到城区市场，缩短蔬菜运输时间，降低物流费用。另一方面，农村内部将拓宽硬化村内道路，改善农产品集运条件，以更好地对接城市交通网络。同时，城乡还将共同规划建设物流

配送中心，实现农产品的快速集散、配送，城乡物资流通得到加强，城乡经济一体化发展得到促进。

（2）水利设施一体化升级

特色农业产业发展依赖良好的水利设施，在特色农业产业集聚发展过程中，城乡会共同推动水利设施一体化升级，城市水利资源和技术优势向农村倾斜，与农村共同规划建设灌溉渠道、水库、泵站等水利设施。如在一些特色花卉产业集聚地区，城市水利部门与农村合作，引进先进的滴灌、喷灌技术，改造提升农田水利设施，提高水资源利用效率，保障特色花卉生长需求。同时，通过建立统一的水利设施管理机制，实现城乡水利设施统一养护、统一调度，提高水利设施运行效益，促进城乡农业生产协调发展。

（3）信息网络共建共享

信息网络是信息化城乡一体化发展的重要基础设施，需要及时获取市场信息、技术信息、政策信息，发展特色农业产业集群，市、乡级协会共同推动信息网络建设与共享，以满足这一需求。一方面，城市的通信企业将加大对农村的网络覆盖，在农村建基站、铺光纤，实现 4G、5G 网络和宽带在农村的全覆盖。另一方面，政府和企业将共同搭建农业信息服务平台，整合城乡农业市场信息、技术资源和专家资源，为特色农业产业集群提供精准信息服务。比如，农民可以通过信息服务平台了解市场价格动态，及时调整种植结构；农业企业可以通过平台获得农业最新技术、科研成果，增强产品竞争力。信息网络的共建共享，打破了城乡信息壁垒，促进了信息互通和城乡资源共享，促进了城乡一体化发展。

6.2 城乡融合发展对特色农业产业集群的支撑作用机制

6.2.1 要素供给机制

（1）人力资源优化配置

城乡一体化发展，打破了城乡人力资源流动的壁垒，一方面，拥有一大批涵盖农业技术研发、市场营销、企业管理等多个领域的高素质人才，为特色农业产业集群提供了丰富的人才资源。这些人才流动到农村，参与到特色农业产业发展中来，更容易推进城乡一体化建设。如农业院校、科研单位的专业人员，可到农村进行技术指导和成果转化，帮助特色农业产业集群解决种养过程中的技术难题，使农产品在种植、养殖等环节的技术得到有效提升，实现增产提质。另一方面，通过参加各类职业培训和技能提升项目，农村本地劳动力在城乡一体化进程中素质明显提高。他们不仅在农产品加工、销售等环节能熟练掌握先进的农业生产技术，而且在工作中能适应需要，为发展特色农业产业集群提供了雄厚的人才基础。

（2）资本高效流通与汇聚

在城乡一体化发展的背景下，资本要素可以更高效地在城乡间流转，为特色农业产业集群提供充足的资金支持，城市的金融机构和投资者看到了特色农业产业集群的发展潜力，将会加大对农村的投入。银行等金融机构将针对特色农业产业开发提供低息贷款、农业保险等金融产品和服务，满足农业企业和农户的资金需求，同时通过财政补贴、税收优惠等政策，引导社会资本向特色农业产业集群投资。如建立特色农业产业发展基金，对种植、加工、品牌建设等环节的特色农产品进行扶持，吸引城市企业和个人投资支持。此外，农村集体经济组织和农户通过土地流转、入股等方式，将闲置资金投向特色农业产业，实现了资本在农村内部的有效利用，进一步推动了特色农业产业集群发展。

（3）技术创新与共享

城乡融合促进技术在城乡间的创新和共享，为特色农业产业集群提供强有力的技术支撑。城市有科研资源和创新平台，高校、科研机构和企业是农业科技研发的优势力量，随着城乡融合深入，这些技术资源能更好地向农村转移和扩散。例如城市科研机构研发的新型农业种植技术、农产品保鲜技术、智能化农业设备等，可以很快被特色农业产业集群应用，提升农业生产力和农产品附加值。农村特色农业产业发展过程中也会不断总结实践，提出技术需求，反馈给城市科研机构，促进技术不断革新和优化，形成城乡技术互动共享的良好技术创新生态，推动特色农业产业集群向现代化、智能化方向发展。

（4）土地资源合理利用

城乡一体化发展，有利于土地资源优化配置，为特色农业产业集群提供充足的土地要素，一方面，通过建设城乡统一的土地市场，实现农村土地流转更加顺畅。农民可将闲置土地流转到农业企业或专业合作社，实现土地规模化经营，提高土地利用效益。如在特色水果产业集群地区，农业企业通过土地流转，集中连片种植水果，建设现代化果园，采用先进的种植技术和管理模式，提高了水果的产量和品质。另一方面，在城乡一体化过程中，可根据实际需求，适当将城市建设用地指标向农村特色农业产业集群倾斜，保障农产品加工、仓储、物流等配套设施用地需求。同时，通过合理规划和整治农村闲置宅基地和废弃建设用地，将其转化为特色农业产业发展用地，进一步拓展了特色农业产业集群发展空间。

6.2.2 市场需求拓展机制

（1）扩大消费群体

城乡一体化发展使城乡交流互动日益频繁，有效打破了城乡消费市场的界限，特色农业产业集群产品的消费群体得到极大扩大，交通条件改善、信息传播便捷，城市居民接触农村特色农产品的机会也就更多了。比如乡村旅游的兴起，吸引了大量城市居民到农村体验田园生活，他们在游玩过程中，不仅直接购买当地的特色农产品，如新鲜水果、手工农产品等，还会将这些特色农产品推荐给身边的亲朋好友，从而带动更多城市居民的消费。同时，农村居民在城乡一体化中生活水平不断提高，消费观念和消费能力也随之改变。他们不再仅仅满足于基本的生活需求，对特色农产品的需求也逐渐增加，如优质有机食品、特色加工农产品等，进一步扩大了特色农业产业集群产品的消费市场。

（2）促进消费升级

在城乡一体化的大环境下，消费者对特色农产品的需求呈现多样化、个性化、高品质化的趋势，有力促进了特色农业产业集群的消费升级。城市消费者更愿意为绿色、有机、无污染的特色农产品支付更高的价格，因为他们生活水平高，对食品安全、质量、营养要求更严格，比如在城市市场上热销的有机蔬菜、富硒水果等特色农产品。农村居民在与城市居民的交流互动中，消费观念也受到影响，开始追求更高品质的生活，对特色农产品的消费需求也从数量型向质量型转变。这种消费升级需求，促使特色农业产业集群不断优化产品结构，在研发生产高品质、有特色农产品上加大投入，提高农产品附加值，以适应市场需求。

（3）拓展销售渠道

城乡一体化拓展了特色农业产业集群的多元化销售渠道，一方面，通过网络平台可直接向全国各地消费者销售特色农产品，同时，随着电子商务平台的快速发展，城乡物流配送体系不断完善。例如，一些农村地区通过建立农产品电商服务中心，帮助农户和农业企业开展线上销售，实现了特色农产品的“买全国、卖全国”。另一方面，城乡商贸合作不断加强，城区大型超市、农贸市场与农村特色农业产业集群等建立了长期稳定的合作关系，直接采购特色农产品、减少中间环节、降低流通成本。此外，在城乡一体化的大背景下，农产品展销会、农产品直播带货等新型销售模式也蓬勃兴起，为特色农业产业集群进一步拓宽市场需求提供了更多产品展示和销售的机会。

6.2.3 政策与制度保障机制

（1）产业扶持政策

政府通过出台一系列产业扶持政策，对特色农业产业集群发展给予有力支持，在财政补贴方面，对降低农民生产成本、农业企业生产成本的特色农产品种植、养殖等，设立专项扶持资金，实行直接补贴。如对种植特色中药材的农户，按照种植面积每亩给予一定的补助，鼓励农户扩大种植规模，同时对特色农产品加工企业给予设备购置补助、技术改造补助等，促进企业产能升级、技术升级。在税收优惠政策上，对从事特色农业产业的企业，通过减免增值税、所得税等来降低企业负担、提高企业盈利水平、增强发展积极性。此外，还通过政府购买服务的方式，为特色农业产业集群提供市场调研、技术培训等服务，帮助企业了解市场动态，促进企业员工素质的提高。

（2）土地制度改革

城乡一体化发展促进了土地制度改革，为发展特色农业产业集聚提供了用地保障。完善农村土地流转制度，建立健全农村土地流转服务平台，规范土地流转程序，保障农民合法权益，使土地向特色农业产业集群中的新型经营主体集中，实现土地规模化、集约化经营。如某地区为建设特色水果种植基地，将分散的农户土地通过土地流转服务平台向农业企业集中流转，土地利用效率提高，农业生产效益也得到了一定的提高。同时，探索农村集体经营性建设用地入市制度，允许农村集体经营性建设用地在符合规划和用途管制的前提下，与国有土地同等入市、同权同价，为特色农产品加工、仓储、物流等配套设施建设提供用地支持，拓展了特色农业产业集群发展空间。

（3）金融制度创新

城乡一体化发展促进金融制度创新，解决特色农业产业集群发展面临的融资难题，鼓励金融机构推出特色农产品抵押贷款、订单农业贷款等适合特色农业产业的金融产品和服务。特色农产品抵押贷款允许农业企业以特色农产品作为抵押物获得贷款，解决企业因缺乏固定资产抵押而融资难的问题；订单农业贷款则根据农业企业与客户签订的订单，为企业提供生产资金支持。此外，政府还通过建立农业信贷担保制度，降低金融机构的信贷风险，提高金融机构对特色农业产业的信贷投放积极性，为特色农业产业集群内的企业和农户提供担保服务。同时，引导保险机构开展自然灾害保险、市场价格波动保险等特色农产品保险业务，为特色农业产业发展和稳定农业生产经营提供风险保障。

（4）人才政策支持

人才是特色农业产业集群发展的关键因素，城乡融合发展下的人才政策为产业集群提供了人才保障，制定人才引进政策，吸引城市中的农业技术人才、管理人才、营销人才等到农村投身于特色农业产业建设。如为吸引高层次农业人才，给予住房补贴、科研经费支持、子女入学优惠等政策待遇，鼓励他们到农村从事技术研发、成果转化、经营管理等工作。

同时，通过开展职业技能培训、农民夜校等方式，加强农村人才培养体系建设，培养一批懂技术、会经营的新型职业农民和农村实用人才，为特色农业产业集群发展提供坚实的人才基础，提高农村劳动力素质和技能水平。

7　新疆特色农产品产业集群发展

7.1　新疆特色农产品资源禀赋与产业布局

7.1.1　地理标志产品分布特征

新疆有许多优质的农产品，在全国乃至世界范围内都有名，且形成了一定规模，比较具有代表性的农产品是棉花、葡萄、番茄和哈密瓜。

第一是棉花，新疆是我国主要的棉花产区，地理标志产品繁多，以“阿克苏长绒棉”享誉全国的阿克苏地区为例。阿克苏地处天山南麓，塔里木盆地北缘，光照时间长，昼夜温差大，为棉花生长提供了得天独厚的自然条件，长绒棉纤维细长、强度大、品质优，其纤维长度一般在35毫米以上，远远超过普通棉花。新疆农业农村厅数据显示，2024年阿克苏地区棉花种植面积达570万亩，产量占全疆20%左右，棉花产业不仅是当地的支柱产业，还带动了相关加工、纺织等产业的发展。此外，巴音郭楞蒙古自治州的“尉犁棉花”也独具特色，因其特殊的土壤和灌溉条件，所产棉花色泽洁白，弹性良好，在国内外市场上备受青睐。尉犁县2024年棉花播种面积突破100万亩，皮棉平均单产达181.3公斤，同比增长3.8%，实现了棉花高产创新性的新跨越。

第二是葡萄，作为新疆葡萄核心产区的吐鲁番，拥有“吐鲁番葡萄”这一重要地理标志产品，吐鲁番盆地干旱炎热、年降水量极少、蒸发量极大，“火洲”特有的气候条件，使这里的葡萄甜度极高且口感非常好。吐鲁番葡萄品种丰富，其中以无核白葡萄最为出名，果实晶莹透亮，含糖量高达20%以上，是制作葡萄干的优质原料，公开资料显示，2024年吐鲁番市葡萄种植面积达63万余亩，产量达160万吨。除了鲜食和制干，吐鲁番的葡萄还广泛用于酿酒，近年来，随着葡萄酒产业的发展，吐鲁番的葡萄种植面积不断扩大，并逐步向精细化、专业化方向发展。

第三是番茄。新疆是世界三大番茄酱产区之一，以天山北麓的昌吉回族自治州（以下简称“昌吉州”）和石河子市为代表，这里产出的番茄品质优良，是众多地理标志产品的原材料产地。昌吉州和石河子市位于准噶尔盆地南缘，气候干燥，阳光充足，昼夜温差大，有利于番茄红素的积累。所产番茄果实色泽鲜艳，果肉厚，出酱率高。例如，“昌吉番茄”所制成的番茄酱，番茄红素含量高，品质稳定，畅销国内外市场。公开资料显示，2024年昌吉州加工番茄种植面积为20.85万亩，预计产量180万吨左右。这些地区的番茄种植实现了规模化和机械化，从种植、采摘到加工形成了完整的产业链，极大地提高了生产效率和产品质量。

第四是哈密瓜。哈密瓜的主要产区在哈密市和鄯善县，“哈密瓜”这一地理标志产品闻名世界。哈密产区属典型的温带大陆性干旱气候，光照时间长、热量足、昼夜温差大、土壤条件适宜，为哈密瓜提供了绝佳的生长环境，其品种多样，果实香甜脆爽、瓜肉细嫩、糖分高，口感极佳。鄯善县出产的哈密瓜以其风味独特、品质优良的特点在市场上占有重要地位，百度百科资料显示，2024年，哈密市原产地哈密瓜种植规模保持在7万亩左右，年产优质商品瓜13万吨左右。种植哈密瓜在当地形成了完善的产业体系，从品种选育、种植管理到采摘销售都有严格的标准和流程，新鲜的哈密瓜通过冷链物流等方式，源源不断地运往全国各地乃至国际市场，从种植到销售，形成了一个完善的产业体系。

7.1.2 优势产区空间集聚模式

天山北坡经济带：作为新疆经济发展的核心区域和特色农产品的重要产区，天山北坡经济带呈现出高端化、集群化的集聚模式，棉花产业方面，昌吉州、石河子市不仅是棉花种植大市，而且有众多棉花加工先进企业。昌吉州2024年棉花种植面积达223.87万亩，石河子市达349.4万亩，这些企业集中分布在交通便利的地区，依托铁路、公路等交通干线，形成了棉花种植、收购、加工、销售一体化的产业集群。棉花产品附加值提高，生产的高档棉纱、棉布等产品畅销国内外。在番茄产业方面，玛纳斯县是番茄种植加工的重要基地，每年加工番茄种植面积达 2 万多亩，当地众多番茄加工企业聚集在一起，形成了从番茄种植、采摘、运输到番茄酱生产、包装、销售的完整产业链，番茄产业的发展前景广阔。企业之间相互协作，资源共享，降低了生产成本，提高了市场竞争力，同时，天山北坡经济带也有很好的科技支撑，石河子大学、新疆农科院等科研院校在技术研发、品种改良等方面对农产品产业给予支持，进一步促进了产业向高端发展。

南疆环塔里木盆地：南疆环塔里木盆地地区以规模化、特色化的集聚模式发展特色农产品产业。在棉花产业方面，阿克苏地区是南疆棉花的主产区，种植面积广阔。2024 年阿克苏地区棉花种植面积达 751.44 万亩，当地通过政策引导和技术支持，推动棉花种植向规模化、标准化方向发展。众多棉花种植户形成合作社等组织形式，共同进行种植管理和销售，提高了市场议价能力。在特色林果业方面，和田地区红枣产业极具代表性，“和田玉枣”以其个大、皮薄、肉厚、核小、糖分高的特点，在红枣种植领域形成了种植面积大、种植规模大、种植格局大的优势。和田地区 2024 年红枣种植面积达 220 万亩，产量超过 100 万吨，当地围绕红枣产业，通过电商平台等渠道，发展红枣加工、销售及其他相关产业，向全国各地销售和田玉枣。据喀什地区行政公署信息，2024 年喀什地区林果面积稳定在 582 万亩，建成 179 万亩核桃基地，年产量突破 200 万吨。当地通过打造核桃交易市场，聚集了众多核桃加工企业和经销商，形成了促进当地经济发展的完整产业链，从核桃种植、收购、加工到销售，产品远销中亚、欧洲等地，核桃产业已形成集种植、收购、加工、销售于一体的发展模式。

7.1.3 民族特色农产品开发

维吾尔医药：维吾尔医药是我国传统医药的重要组成部分，新疆维吾尔医药资源丰富，在和田地区，肉苁蓉是维吾尔族的重要药材，和田地区独特的沙漠气候和土壤条件，适宜肉苁蓉生长。药用价值极高的肉苁蓉在维吾尔医药方剂中应用非常广泛，当地通过建立人工种植与野生资源保护相结合的肉苁蓉种植基地，据和田地区融媒体中心报道，2024 年于田县肉苁蓉种植面积达 21.4 万亩，每亩产量 190 公斤左右，总产量预计达 4 万吨。同时，依托维药企业，对肉苁蓉进行深加工，开发出多种药品、保健品。在巴音郭楞蒙古自治州，甘草资源丰富，甘草在维吾尔医药中应用广泛，具有调和诸药等功效，2024 年全州计划种植中草药 20 万亩左右，其中甘草 10 万亩。当地企业通过先进的提取技术，在满足国内市场需求的同时，通过提取甘草中的有效成分，生产甘草片、甘草酸等产品，并将其出口到国外。此外，新疆还通过建立维吾尔医药产业园区，吸引了众多科研机构和企业入驻，推动维吾尔医药标准化种植、研发。

哈萨克族乳制品：伊犁州和阿勒泰草原地带是哈萨克族聚居区，也是优质奶制品的产地，哈萨克族传统奶制品制作技艺历史悠久，有马奶酒（库姆孜）、酥油、奶疙瘩等，马奶酒是哈萨克族特色饮品，其制作工艺别具一格。2011 年 11 月“哈萨克族乳制品制作技艺”成功申报为自治区级非物质文化遗产名录项目。当地通过建立标准化生产车间，对马奶进行严格的杀菌、发酵等处理，生产出的马奶酒不仅在当地受到欢迎，而且通过电商平台等渠道销往全国各地；消费者同样喜爱酥油、奶疙瘩，牧民们通过提高产品包装和卫生标准等方式把这些传统奶制品推向更广阔的市场。此外，当地还积极举办各类乳品展销活动，提升哈萨克族奶制品的知名度和品牌影响力。

7.2 新疆特色农产品市场分析

7.2.1 问卷设计与调查

7.2.1.1 调查目的

本次针对新疆特色农产品开展的问卷调查，旨在通过对供给（生产者）和需求（消费者）两侧深入调研，全方位剖析市场现状与发展趋势，为新疆特色农产品产业的长远规划与发展提供坚实依据。

7.2.1.2 问卷设计

在对消费者的调查中，一方面，精准洞察消费者对新疆特色农产品的认知状况，涵盖是否了解各类特色农产品及其地理标志、品牌形象等方面，以此对市场推广的有效性进行评估。另一方面，深入分析包括购买频次、渠道、金额和用途在内的消费者购买行为，通过这些分析来帮助企业优化销售策略和产品定价。同时，详细掌握消费者对不同特色农产品的口味、包装形式、规格大小等方面的喜好，明确产品研发创新方向，供农产品生产企业参考。客观评估新疆特色农产品在市场中的竞争地位，帮助当地企业通过消费者对其与其他地区同类产品的比较评价，以及对已有品牌的信任程度，制定差异化竞争策略，在市场中形成差异化竞争的优势。广泛收集新产品开发、销售渠道拓展等消费者对新疆特色农产品未来发展的期望和建议，促进产业可持续发展。

在对生产者进行调查时，既全面了解生产者基本信息，包括身份（个体农户、农业合作社成员、农产品加工企业、农产品经销商等）、从事行业年限、所在地区及企业规模（若为企业）等，为产业结构分析提供基础数据，又深入探究影响农产品供给的各类因素，如生产投入（种子、化肥、人工等成本）、技术与管理应用情况（先进种植技术、管理方法及面临困难）、市场信息获取与应用程度、销售渠道现状与问题以及政策影响等，为提升产业供给能力提供参考。同时，广泛征求生产者对当前市场环境的看法，收集他们在生产经营中面临的困难与挑战，以及对未来市场发展前景的预判和对产业发展的建议，为政策制定与行业引导提供依据。

7.2.1.3 数据来源

利用专业问卷调查平台，主要是问卷星。同时，借助电商平台大数据，获取消费者购买记录、浏览偏好、评价内容等信息，丰富数据维度。

在新疆本地及其他重点销售区域（如北京、上海、广州等大城市）的超市、农贸市场、特产专卖店等场所，由调查人员现场发放问卷，并对部分消费者进行面对面访谈，确保问卷填写真实有效。此外，与当地农产品经销商、零售商合作，收集其在日常经营中对消费者需求及产品销售情况的观察与反馈数据。

在新疆各地的农业农村局、农业技术推广站、农产品展销会等场所，针对个体农户、农业合作社成员、农产品加工企业及经销商发放问卷。与当地农业部门、行业协会合作，获取关于农业生产者的统计数据及相关信息。同时，对部分有代表性的生产者进行实地走访与深度访谈，获取一手资料。

7.2.2 消费者对新疆特色农产品需求及影响因素分析

7.2.2.1 新疆特色农产品消费者人口统计特征

由表1可知，调查的样本722人中，男性多于女性，占比71.61%。年龄分布较为均匀，23~30岁经济独立的年轻群体占比最高，为29.09%。在每月收入方面，超半数的受访者的收入在5000~10000元，占比54.84%。这些数据表明，参与调查的群体在经济条件上相对宽裕，收入具有代表性，年轻人相对较多，可能更容易对新疆特色农产品产生购买兴趣。

表1　新疆特色农产品消费者人口统计特征

	分类	频率	百分比
性别	男	517	71.61%
	女	205	28.39%

续表

	分类	频率	百分比
年龄	18~22 岁	111	15.37%
	23~30 岁	210	29.09%
	31~40 岁	139	19.25%
	41~50 岁	138	19.11%
	51 岁及以上	124	17.17%
月收入	5000 元以下	182	25.21%
	5000~10000 元	396	54.85%
	10000 元以上	144	19.94%

7.2.2.2 量表效度和信度分析

1. 信度分析

信度分析也就是评价调查问卷中数据的来源是否可信，量表的设计质量如何，它是用于考核量表中所有的题是否都针对了量表中所要测量的主题，即量表中每一个题项是否跟主题一致，只有所有的题项与所有的调研主题一致，才能认为样本具有一致性。严格来说，问卷的 Cronbachα 值大于 0.8 才是比较有信度的。

表 2 信度检验

平均临界项目协方差	0.7726
量表中的项目数	8
量表可靠系数	0.8583

由表 2 分析结果可知，可靠系数等于 0.8583，说明样本通过检验，样本数据的信度效果非常好，达到了做研究的基本要求。

2. 效度检验

本调查使用 KMO 值检验法，KMO 值在 0.5 以下是接受不了的，在 0.5~0.6 之间表明效度拟合得比较差，在 0.7~0.8 之间一般是不会被拒绝的，KMO 值超过 0.8 时，其值越大意味着效度越好。

表 3 效度检验

Chi-square	2014.366
自由度	28
P 值	0
KMO	0.919

表 3 检验的结果中 KMO 值为 0.919，大于 0.8，而且此检验的显著性水平小于 0.05，说明样本通过 Bartlett 球形显著性检验，表明样本数据之间存在相关性，而且相关矩阵存在公因子，所以可以使用因子分析进一步进行探索性分析。

7.2.2.3 新疆特色农产品需求影响因素分析

1. 问卷数据的处理

本问卷采用无序分类变量和矩阵量表。无序分类变量如购买决策，赋值 0，2，3，4。矩阵量表如您对农产品产销情况的整体满意程度（“1” = 完全不同意、“2” = 比较不同意、“3” = 一般、“4” = 比较同意、“5” = 完全同意）。

表 4 各因素的测量指标

测量因子	测量指标	指标陈述
品牌	PP2	新疆农产品的品牌宣传得好
	PP1	我信任新疆特色农产品的品牌认证
质量	ZL	新疆特色农产品的品质令我满意
渠道	QD1	新疆农产品在本地市场的供应稳定
	QD2	新疆农产品的物流配送速度快且可靠
	QD3	线上购买渠道（如电商平台）使用便捷
	QD4	产销对接政策（如助农直播）提升了我的购买意愿
价格	Price	我认为新疆特色农产品的价格合理

2. 中介效应三步回归分析

表 5 验证品牌的中介效应

	(1)	(2)	(3)
	Y	Price	Y
Price	0.19*** (6.12)		0.11*** (3.05)
PP		1.63*** (19.23)	0.36*** (3.45)
_cons	1.61*** (12.85)	1.35*** (9.69)	1.33*** (9.07)
N	722	723	722

t statistics in parentheses

* $p<0.1$, ** $p<0.05$, *** $p<0.01$

回归结果显示，价格对购买决策的影响显著（0.19），品牌也可以显著影响购买决策（0.36），并且，品牌通过影响价格也可以进一步影响购买决策（0.11）。这表明消费者具有品牌偏好，更在意产品品牌而非价格，品牌背后体现着产品的品质，所以继续对质量进行分析。

表 6 验证质量的中介效应

	(1)	(2)	(3)
	Y	Price	Y
Price	0.19*** (6.12)		0.14*** (3.99)
ZL		0.50*** (16.48)	0.08** (2.45)
_cons	1.61*** (12.85)	1.95*** (15.50)	1.46*** (10.54)
N	722	723	722

t statistics in parentheses

* $p<0.1$, ** $p<0.05$, *** $p<0.01$

如回归结果所示，当变量为质量时，价格对购买决策仍然有显著影响，质量也显著地影响购买决策，质量通过影响价格可以进一步影响购买决策。验证第一步回归结论，虽然高品质会有高价格，但消费者仍然愿意为品质消费。

品牌可能受到质量的影响，质量也能体现品牌，所以当质量与品牌同为变量时如何影响消费者决策？继续进行分析。

表 7　验证质量和品牌的中介效应

	(1)	(2)	(3)
	Y	Price	Y
Price	0.19*** (6.12)		0.10*** (2.61)
PP		1.18*** (11.68)	0.30*** (2.68)
ZL		0.26*** (7.70)	0.04 (1.16)
_cons	1.61*** (12.85)	1.03*** (7.33)	1.30*** (8.64)
N	722	723	722

t statistics in parentheses

* $p<0.1$, ** $p<0.05$, *** $p<0.01$

回归结果显示，当品质与品牌同为变量，品牌仍然对购买决策有显著影响，但质量对购买决策的影响已经不再显著，说明品牌可能在消费者综合权衡过程中占据主导地位，比质量对购买决策的直接影响更大。这表明消费者选择商品的时候潜意识里会涵盖品牌因素或影响对质量的感知，所以品牌就成为了更关键的决策依据。也说明消费者对质量的信任度问题，质量需要通过品牌证明，也印证质量其实是暗含在品牌之中的。

表 8 验证全变量的中介效应

	(1)	(2)	(3)
	Y	Price	Y
Price	0.11*** (2.72)		0.08** (2.04)
QD	0.20*** (3.30)		0.10 (1.27)
PP		1.18*** (11.68)	0.22* (1.72)
ZL		0.26*** (7.70)	0.03 (0.74)
_cons	1.30*** (8.36)	1.03*** (7.33)	1.23*** (6.84)
N	722	723	722

t statistics in parentheses

* $p<0.1$, ** $p<0.05$, *** $p<0.01$

当加入渠道变量后，结果显示价格对购买决策的影响依然显著，渠道对购买决策的影响并不显著，品牌和质量对购买决策的直接影响也不显著，但品牌和质量对价格的影响显著，品牌和质量对购买决策的影响通过价格作为中介变量实现。

7.2.2.4 新疆特色农产品供给的其他相关分析

（1）已产生新疆特色农产品购买行为的分析

从图 1 可以发现，54.98%的消费者选择线上购买，方式包括电商平台和直播带货，这二者的选择占比基本相同。其次是线下超市，包括农贸市场（14.39%），产地旅游占比 13.54%，与线下商超的比例非常接近。其他渠道占比 13.7%。这表明消费者在选择购买渠道时，更看重的是便捷性、商品多样性和价格的可比性。

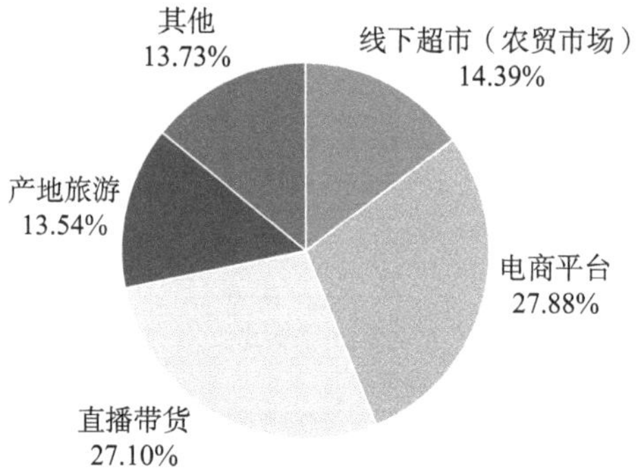

图 1　新疆特色农产品消费者购买渠道

表 9　新疆特色农产品因物流问题导致产品损坏或变质的情况

是否遇到过因物流问题导致产品损坏或变质的情况	人数	比例
否	108	15.45%
是	591	84.55%

如表 9 所示，在所有购买过新疆农产品的人群中，84.55%都遇到过产品损坏或变质的物流问题。

①性别对新疆特色农产品购买行为的影响

表 10　性别对新疆特色农产品购买行为的影响

性别	每周至少 2 次	每周 1 次	每月 1~3 次	买过 3 次以内
男	16.63%	29%	27.85%	23.60%
女	17.56%	30.73%	23.90%	23.90%

从表 10 可以看出，新疆特色农产品的购买频率并未因为性别有明显差异，在针对新疆特色农产品购买频率的调查中，男性与女性消费者的购买频率基本相同。

②年龄与购买频率的关系分析

表 11 年龄与新疆特色农产品购买行为的关系

年龄段（岁）	每周至少 2 次	每周 1 次	每月 1~3 次	买过 3 次以内
18~22	12（10.81%）	35（31.53%）	32（28.83%）	29（26.13%）
23~30	40（19.05%）	62（29.52%）	53（25.24%）	45（21.43%）
31~40	19（13.67%）	35（25.18%）	45（32.37%）	36（25.90%）
41~50	28（20.29%）	41（29.71%）	33（23.91%）	33（23.91%）
51 以上	23（18.55%）	40（32.26%）	30（24.19%）	28（22.58%）

从不同年龄段来看，一方面，31~40 岁之间的人群购买新疆特色农产品的频率集中在每月 1~3 次，其他年龄段的人群购买新疆特色农产品多是每周 1 次，占到了 29%以上。从总体来看，人们购买新疆特色农产品的频率并不高，新疆特色农产品未成为消费者生活必需品。

另一方面，年轻人（18~22 岁）中，频繁购买（每周 2 次及以上）的比例相对较低，而每周一次、每月 1~3 次和仅购买过 1~3 次的比例较高。这一群体一般为大学生因物质条件限制很少人能一周购买两次以上的农产品，但新疆农产品受到年轻人喜爱，随着年龄增加，每周至少购买一次的比例逐渐降低，40 岁后这一比例又随着年龄增长而增高；每月 1~3 次的比例随着年龄增加，40 岁后又降低。每周 2 次及以上的比例在年长者中稍高，年轻人中稍低。从未购买的比例在年轻人中稍高，而在年长者中较低。

从购买频率来看，购买新疆特色农产品总计在 3 次以内的人群，在不同年龄段的占比均不到 30%，其中占比最多的集中在 18~22 岁，这说明被调查者中，形成了较为规律的购买新疆特色农产品的习惯，也反映出新疆特色农产品已经被较多人了解。

③家庭月收入与购买频率的关系分析

表 12　家庭月收入与新疆特色农产品购买行为相关分析

月收入	每周至少 2 次	每周 1 次	每月 1~3 次	买过 3 次以内
5000 元以下	29（15.94%）	54（29.67%）	48（26.37%）	43（23.63%）
5000~10000 元	66（16.67%）	119（30%）	110（27.78%）	89（22.47%）
10000 元以上	27（18.75%）	40（27.78%）	35（24.31%）	39（27.08%）

随着年龄的增长，由于工作经验的增加等，工资收入会提高。即使是非正式工作者，也随着年龄增长、社会阅历的提升等，家庭收入增长。基于以上分析，家庭月收入与新疆特色农产品购买行为的关系，与年龄和新疆特色农产品购买行为的关系呈现相似的分布。

具体来看，月收入在 5000 元以下的家庭和月收入 5000~10000 元之间的家庭，购买新疆特色农产品的频率主要集中在每周 1 次和每月 1~3 次。这说明月收入在 10000 元以下的家庭对新疆特色农产品的购买频率相对稳定，他们对新疆特色农产品的了解和认可相对稳定。

月收入 10000 元以上的家庭，购买新疆特色农产品的频率主要集中在每周 1 次和总计买过 3 次以内，这样的结果值得关注和分析。说明月收入 10000 元以上的家庭在新疆特色农产品购买的频率上差异较大，之所以呈现这样的结果，如果只关注这部分家庭，可能是由于部分家庭（27.78%）对新疆特色农产品非常熟悉，而另外一部分家庭（27.08%）并不了解新疆特色农产品。但是，对比家庭月收入在 10000 元以下家庭对新疆特色农产品购买的频率数据，有 27.08%的家庭认为新疆特色农产品的附加值不高，这也是新疆特色农产品发展存在的问题之一。

④产品种类与购买频率的关系分析

表 13　产品种类与新疆特色农产品购买行为的关系

产品种类	每周至少 2 次	每周 1 次	每月 1~3 次	仅购买过 1~3 次
水果类	113	198	176	163
干果类	113	198	176	164

续表

产品种类	每周至少 2 次	每周 1 次	每月 1~3 次	仅购买过 1~3 次
特色粮食蔬菜	120	212	190	169
牛羊肉制品	88	154	146	137
乳制品	65	116	103	96
加工品	13	23	15	25
水产品	12	23	15	25

从购买频次来看，表 13 中的数据表明，无论是水果类、干果类、特色粮食蔬菜类、牛羊肉制品类、乳制品类，还是加工品类和水产品类，购买频次主要集中在每周 1 次。这说明对于新疆各类特色农产品，消费者的需求程度相当，也反映了新疆特色农产品被人们了解到，这些种类都受到大家的欢迎。

从新疆特色农产品的种类来看，特色粮食蔬菜（每周购买总频次 332 次）和干果类（311 次）占据主导地位，其周均购买量显著高于其他品类，反映出日常饮食场景的刚性需求。水果类（周均购买频次 29.7%）和牛羊肉制品（周均 24.3%）呈现稳定复购特征，可通过周期性促销提升用户黏性。周均购买占比超 15%的品类（特色粮食/干果/水果）符合家庭生鲜“3 天补货周期”，建议优化配送时效与库存周转策略。低频品类（如水产品）的“仅购买 1~3 次”占比达 27%，需对新型用户进行定向唤醒。

为了进一步分析已对新疆特色农产品产生购买行为的消费群体，在今后的新疆特色农产品的生产和销售方面应更加有针对性地做好市场分割，满足不同层次的消费者的不同需求，制订差异化的生产及销售策略，分别对购买新疆特色农产品频次较高消费者的行为和购买频次较低消费者的消费行为进行分析。

将每周购买 1 次及以上新疆特色农产品、占被调查者 46.3%的消费者，界定为新疆特色农产品的忠实用户，这部分群体对新疆特色农产品的认可度较高，为了让这部分消费者保持甚至增加现有购买频率，向他们征集可以优化新疆特色农产品的相关意见建议，结果如图 2 所示。主要从服务层面改进，数据显示，消费者最期待的改进措施都属于服务问题，67. 76%的消费者期待优化包装设计（如环保、美观），60. 3%的消费者要求改进物流时效性，59. 7%的消费者期待个性化服务（如定制礼盒、植株认养），33. 43%的消费者要求加强售后服务。其次是对产品品质的改进，51. 64%的消费者希望所购买的农产品有绿色有机认证，38. 21%的消费者则要求进一步提高产品的优良品质（如口感、水分），因新疆的农产品本身风味独特，所以仅有 21. 49%的消费者希望农产品再进一步突出地域特色。

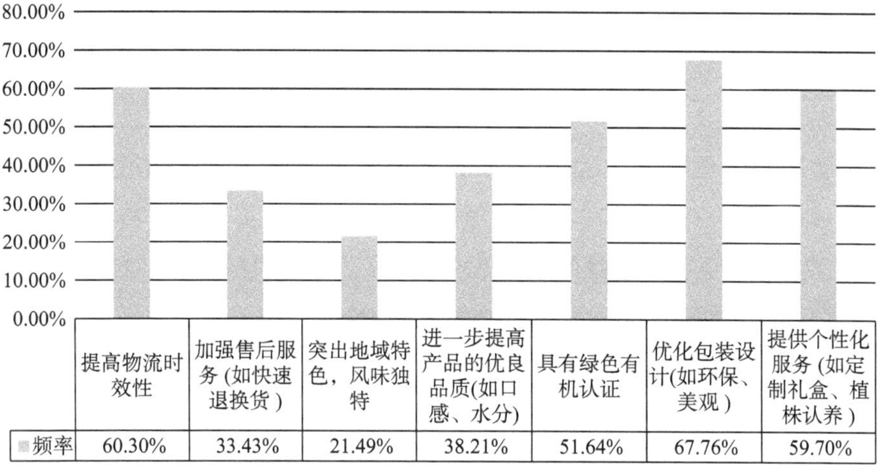

图 2　消费者对新疆特色农产品销售环节的需求分析

从调查结果看，50. 3%的消费者购买新疆特色农产品购买的频次较低，仅为每个月 1~3 次，或总计购买过不到 3 次。因这部分群体所占比重较大，为了让新疆特色农产品的市场需求增加，对购买频次较低的消费群体的特点及购买频次较低的原因进行分析，结果如图 3 所示。

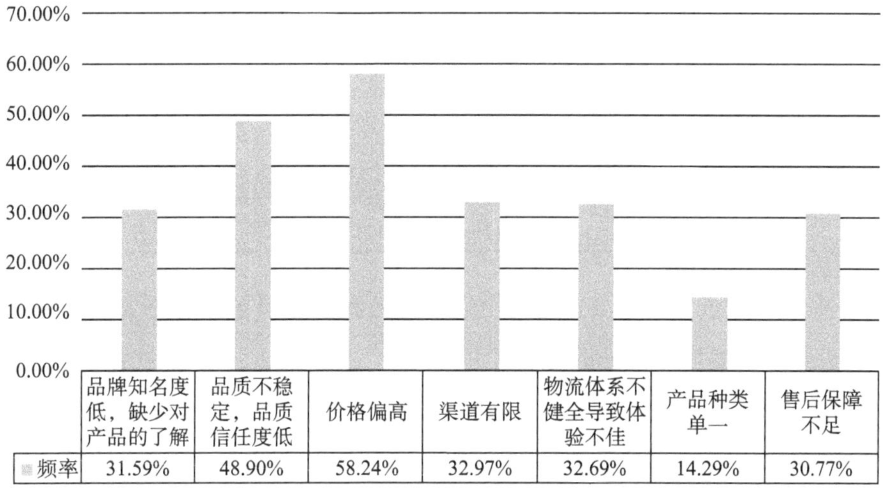

图 3　新疆特色农产品购买频率低的原因

在购买频率低的人中，58. 24%的人因为新疆农产品价格偏高而减少购买，48. 9%的人觉得品质不稳定，对比未购买人群，品质与价格也是突出性问题，所以两者是首要解决的问题。售后（30. 77%）、渠道（32. 97%）、品牌知名度（31. 59%）、物流（32. 69%）四种原因占比相近，是农产品购买过程中的次要问题。对比未购买人群，已经购买人群对品牌知名度的认可度提高，发生购买行为也意味着必然对农产品有一定的了解；对物流的认可度降低，未购买人群担忧新疆物流体系不健全，而对已购买人群来说，可能物流降低了购买体验感；对售后的认可度提高，购买频率低的人比未购买的人更少地担忧售后。

通过调查发现，购买新疆特色农产品频率低的其中一个很重要的因素是物流，因此单独分析如何改善物流运输条件来提高消费者购买新疆特色农产品的购买频率。

表 14　新疆特色农产品运输方面存在的问题

改进方面	综合得分	人数
运输时效性	5. 31	695
包装保护性	4. 27	579

续表

改进方面	综合得分	人数
冷链覆盖范围	2.4	307
配送成本	0.59	94
物流信息透明度	0.58	92

在物流改进方面，消费者对物流时效性和包装保护性有更大期待。在699位购买过新疆农产品的消费者中，694人都认为应该改进物流时效性，其中66.04%的消费者将时效性放在优先级前三名。因农产品本身的特殊性，也因为新疆地域面积大，远离内陆的地理位置特点，运输时效性成为普遍且首要痛点。其次是包装保护性要求，“因物流问题损坏”对应包装保护性，消费者的期待根源于面临的问题。新疆冷链建设不健全，“因物流问题变质”既对应运输时效性，也对应冷链建设，但消费者对冷链的要求远低于对时效性的要求，可能网购过程中消费者多了一层收货的心理期待，另外冷链建设成本大，消费者接触不多。既然是同一问题的两个方面，那么两种问题的改进应该会起到相互促进的作用，冷链的改进会降低对时效性的期待，提高时效性也能一定程度替代冷链作用。消费者对物流信息透明度和配送成本的改进期待并不高，综合评分分别为0.58分、0.59分。对于物流信息透明度问题，当前物流服务体系较为健全，在此方面建设取得了一定成果，改进空间不大，消费者遇到的问题较少。新疆的配送成本必然不低，但是因为配送成本大多数情况会包含在价格当中，所以消费者对配送成本并不敏感，因此会表现出不满和低购买频率，超半数被调查者都认为新疆农产品价格偏高。

（2）从未购买新疆特色农产品的原因分析

由图4可知被调查对象中，有23位从未购买过新疆特色农产品，占被调查者的3.1%。通过分析发现，50%的受调查者未购买原因包含品牌知名度低、不了解新疆特产和价格偏高。其次是品质不稳定、渠道有限和售后保障不足，有9人选择这几个因素，这些也是消费者未购买的主要原因。而仅有3人觉得新疆特产的产品种类单一，也仅有3人考虑到新疆的物流问题而没有购买新疆农产品。总体来说，没有购买的群体主要涉及的是信任问题，表现为对品质、品牌、售后保障、物流的担忧和怀疑。另一方面便是购买局限，体现为购买力和渠道的局限。想要将未购买人群转化为客户，首先是要充分传递产品信息，提高信任度，打消购买疑虑。其次是降低消费者购买决策成本，促成购买行为。

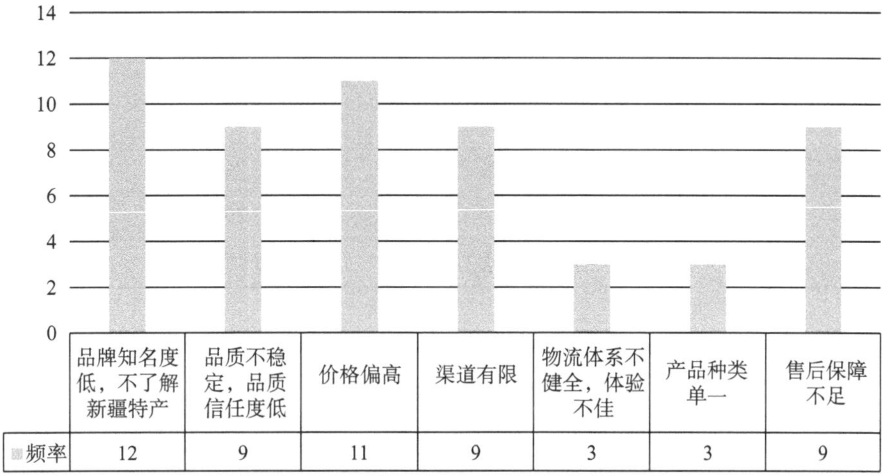

图 4　从未购买新疆特色农产品的原因

7.2.3　生产者对新疆特色农产品需求及影响因素分析

7.2.3.1　新疆特色农产品生产者人口统计特征

表 15　新疆特色农产品生产者人口统计特征

	分类	频率	百分比
身份	农户	465	46.5%
	合作社	322	32.2%
	企业	213	21.3%

续表

	分类	频率	百分比
年龄	18~22 岁	34	3.4%
	23~30 岁	363	36.3%
	31~40 岁	404	40.4%
	41~50 岁	102	10.2%
	特色粮食蔬菜	297	29.7%
主要生产的农产品类型	水果类	287	28.7%
	干果类	218	21.8%
	畜产品	244	24.4%
	加工品	298	29.8%
	水产品	272	27.2%

由表 15 可知，调查的样本 1000 人中，46.5%的被调查者为农户。从年龄分布来看，人群集中在 23~40 岁的青壮年，总占比 76.7%。在主要生产的农产品类型方面，各类农产品分布比较均匀，皆占比 20%以上，前三名是特色粮食蔬菜（29.7%）、加工品（29.8%）和水果类产品（28.7%）。从以上数据不难发现，新疆特色农产品大多为初级产品，加工类产品较少，同时，参与新疆特色农产品生产的人群年龄较合理，具有较大的创新潜力，新疆特色农产品的生产发展空间巨大。

7.2.3.2 量表效度和信度分析

（1）信度分析

克隆巴赫系数（Cronbach’s alpha）是检验问卷信度的指标，广泛应用于实证数据的分析。一般来说，当问卷设计的量表的 Cronbach’s alpha 值低于 0.7 时，意味着该量表各变量的内部一致性较差，需要重新编制该量表；当量表的 Cronbach’s alpha 值高于 0.7 时，意味着量表构建的几个变量的内部一致性是好的；如果量表的 Cronbach’s alpha 值高于 0.9，这意味着量表设计的变量的内部一致性是优秀的。

此外，本研究采用校正项目——总相关（CITC）来衡量单个问题项目的可靠性。在研究中，当满足以下两个条件时，应删除一个问题项：（1）一个问题项的总体相关系数 CITC 小于 0.4；（2）删除问题项后量表的 Cronbach's alpha 系数大于相应维度的 Cronbach's alpha 系数的值。

据此，关于新疆特色农产品生产层面的问卷调查进行可靠性分析，结果如表 16 所示。

表 16 问卷的信度分析

影响层面	影响因素	修正后的项与总计相关性	删除项后的克隆巴赫 Alpha	克隆巴赫 Alpha
生产层面	自然条件	0.698	0.844	0.871
	土地资源	0.691	0.846	
	技术水平	0.680	0.848	
	劳动力投入	0.710	0.841	
	资金投入	0.707	0.842	
销售层面	价格波动	0.734	0.889	0.905
	信息充分性	0.725	0.890	
	物流成本	0.733	0.889	
	产业链完善度	0.719	0.891	
	推广渠道	0.698	0.893	
	品牌知名度	0.723	0.890	
	产品同质化竞争	0.683	0.894	

由表 16 可知，生产层面对应的 Cronbach's alpha 系数值为 0.871，销售层面对应的 Cronbach's alpha 系数值为 0.905，各变量的 Cronbach's alpha 系数值均大于 0.7，同时各项目的 CITC 值和已删除项目的 Cronbach's alpha 值均满足研究要求，说明问卷中各变量的稳定性较高，信度基本通过检验。

（2）效度检验

使用因子分析进行信息浓缩研究，首先分析研究数据是否适合进行因子分析，从表 17 可以看出：KMO 为 0.913，大于 0.6，满足因子分析的前提要求，意味着数据可用于因子分析研究。以及数据通过 Bartlett 球形度检验（$p<0.05$），说明研究数据适合进行因子分析。

表 17　KMO 和 Bartlett 的检验

KMO 值		0.913
Bartlett 球形度检验	近似卡方	5931.575
	df	66
	p 值	0.000

7.2.3.3　新疆特色农产品供给影响因素分析

（1）提出假设

从新疆特色农产品供给的角度分析，生产决策主要受生产层面和销售层面因素的影响。首先，根据生产函数原理，生产者的生产决策，即对生产规模的设定受到生产层面相关生产要素投入情况的影响，且投入的生产要素数量越多，生产规模越大，据此提出假设 H1。其次，根据经济学理论，均衡产出是需求和供给相一致的产出，因此，生产者在进行生产决策时会优先分析所生产的农产品的销售历史数据，对所生产的产品的市场需求进行预测，进而决定生产规模和产量，据此提出假设 H2。分别为：

H1：生产层面对生产决策产生显著的正向影响。

H2：销售层面对生产决策产生显著的正向影响。

（2）模型的选择

结构方程模型是社会科学研究中常用的一种方法，根据上述对生产者人口统计特征的分析，本文基于路径系数和显著性水平（P 值）的结果提出概念模型，首先对测量模型进行检验。在测量模型中一共有 2 个潜变量，分别为生产层面和销售层面之间的关系。

表 18　新疆特色农产品供给影响因素 SEM 模型适配度检验

指标	参考标准	实测结果
CMIN/DF	1~3 为优秀，3~5 为良好	1.444
RMSEA	<0.05 为优秀，<0.08 为良好	0.021

续表

指标	参考标准	实测结果
TLI	>0.9 为优秀，>0.8 为良好	0.994
CFI	>0.9 为优秀，>0.8 为良好	0.995
GFI	>0.9 为优秀，>0.8 为良好	0.987

为了验证新疆特色农产品供给影响因素的分析采用结构方程模型是合理的，进行模型的适配度检验，结果如表 18 所示。可以发现，各项指标均达到优秀标准，该问卷适合采用结构方程模型进行分析。其中，调整卡方值（CMIN/DF）小于 3，近似误差均方根（RMSEA）值小于 0.08，GFI、比较拟合指数（CFI）、TLI 等各项指标值均大于 0.9，达到优秀标准，这些指标都说明数据能和模型较好地拟合。

（3）结果分析

根据模型和假设，利用 Amos23.0 构建结构方程模型如图 5：

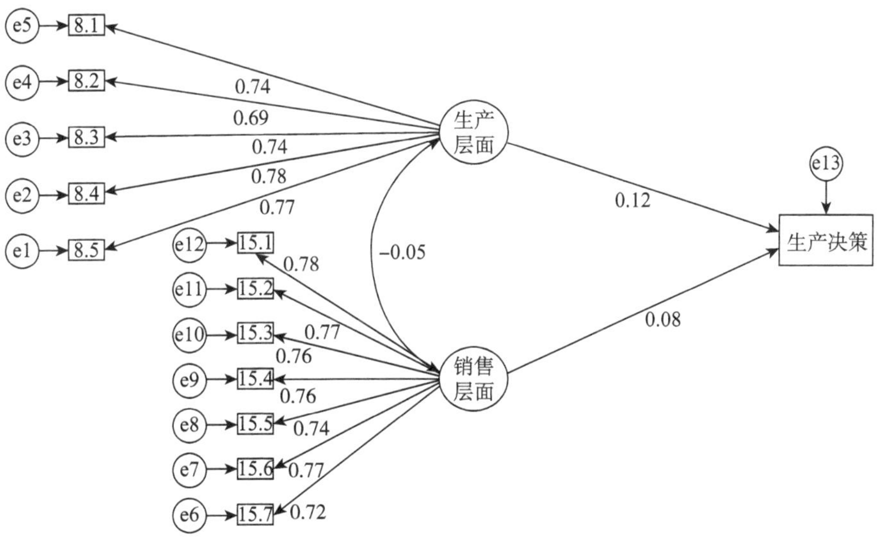

图 5　新疆特色农产品供给影响因素的 SEM 结果

表 19　新疆特色农产品供给影响因素 SEM 路径关系检验结果

路径			路径系数	标准化路径系数	S. E.	C. R.	P
生产决策	←	生产层面	0.080	0.116	0.023	3.409	***
生产规模	←	销售层面	0.058	0.075	0.025	2.268	0.023

注：*** 表示 P<0.001

由表 19 的分析结果可以看出，在本次研究的路径假设关系检验中，生产困难对生产规模的标准化路径系数为 0.116，对应的 P 值小于 0.05。说明生产困难对生产规模产生显著的正向影响，假设 H1 成立。销售困难对生产规模的标准化路径系数为 0.075，对应的 P 值小于 0.05。说明销售困难对生产规模产生显著的正向影响，假设 H2 成立。

7.2.3.4　新疆特色农产品供给的其他相关分析

（1）新疆特色农产品生产者类型与品牌认证的关系

由表 20 可以看出，企业、合作社和农户在品牌认证方面呈现出明显差异。企业获品牌认证比例达 58%，凭借完善管理体系、资金和市场意识积极开展品牌建设。合作社占 45%，合作社虽有组织优势，但在品牌建设投入和能力上弱于企业。农户仅占 35%，规模小、资金匮乏，限制了品牌认证获取，难以挖掘产品价值。

表 20　新疆特色农产品生产者类型与品牌认证的关系

身份	是否获得品牌认证	
	是	否
企业	58%	42%
合作社	45%	55%
农户	35%	65%

（2）新疆特色农产品生产规模与品牌认证的关系

由表 21 可以看出，生产规模与品牌认证之间存在正相关关系。生产规模>200 亩的生产者，60%获得了品牌认证。大规模生产意味着更高的市场供应能力，为保证产品稳定销售和提升利润空间，生产者更有动力和资源进行品牌建设。50~200 亩规模的生产者中，45%获得品牌认证，他们具备一定规模基础，开始意识到品牌对产品销售的重要性。而≤50 亩的小规模生产者，仅有 30%获得品牌认证，小规模生产的资源有限，且更关注短期生产效益，对品牌认证的投入意愿和能力较低，不利于其在市场上形成差异化竞争优势。

表 21 新疆特色农产品生产规模与品牌认证的关系

生产规模（亩）	是否获得品牌认证	
	是	否
≤50	30%	70%
50~200	45%	55%
>200	60%	40%

（3）新疆特色农产品生产不同区域使用现代农业技术的情况

由表 22 可知，各地在现代农业技术的使用上存在着差异，具体表现为：昌吉地区采用现代农业技术的比例高达 90%，这可能是当地政府积极推广，农业基础设施完善，经济发展水平较高，为技术应用提供了有利条件。阿克苏、喀什地区采用的比例分别为 85%、75%，也都处于较高水平，说明这些地区对现代农业技术的接受程度和应用能力都有一定的提高。其他地区采用比例为 70%，相对较低，可能受地理环境、经济发展水平、技术推广力度等多种因素制约，一些生产者难以接触或应用现代农业技术，影响农业生产效率和产品质量的提高。

表 22 新疆特色农产品生产不同区域使用现代农业技术的情况

所在地区	是否采用现代农业技术	
	是	否
阿克苏	85%	15%
喀什	75%	25%
昌吉	90%	10%

续表

所在地区	是否采用现代农业技术	
	是	否
其他地区	70%	30%

（4）新疆特色农产品生产者受教育程度与品牌建设关系

由表23可以看出，文化程度与品牌建设重视程度密切相关。大专及以上文化程度的生产者中，70%重视品牌建设。较高的文化水平使他们更易接受新观念，认识到品牌建设对农产品销售和市场竞争力的重要性，能够运用专业知识和信息渠道进行品牌规划和推广。高中/职高文化程度的生产者中，50%重视品牌建设，他们具备一定知识基础，对品牌建设有一定认知和行动。初中文化程度的生产者中，35%重视品牌建设，小学及以下文化程度的生产者中，仅20%重视品牌建设，表明文化程度较低可能限制了他们对品牌建设的理解和重视，缺乏相关知识和技能，难以开展有效的品牌建设工作。

表23　新疆特色农产品生产者受教育程度与品牌建设关系

文化程度	是否重视品牌建设	
	是	否
小学及以下	20%	80%
初中	35%	65%
高中/职高	50%	50%
大专及以上	70%	30%

（5）新疆特色农产品销售渠道与电商应用程度的关系

由表24可以看出，不同销售渠道在电商应用方面表现不同。电商平台作为销售渠道，电商应用比例为100%，这是其自身性质决定的。直播带货渠道中，80%通过电商平台销售，显示出直播带货与电商的紧密结合，这种新兴销售方式借助电商平台的流量和便捷性，为农产品销售开辟新途径。合作社通过电商平台销售的比例为70%，合作社组织化程度较高，能有效整合资源开展电商销售。批发市场和企业收购渠道中，分别有50%和

40%通过电商平台销售，说明传统销售渠道在电商时代也在逐渐转型，但转型速度相对较慢，这可能是受传统经营模式和客户群体等因素的限制。

表 24 新疆特色农产品销售渠道与电商应用程度的关系

主要销售渠道	是否通过电商平台销售	
	是	否
批发市场	50%	50%
合作社	70%	30%
企业收购	40%	60%
电商平台	100%	0%
直播带货	80%	20%

（6）新疆特色农产品物流损耗与物流运输方式的关系

由表 25 可以看出，物流方式对产品损耗有显著影响。使用第三方物流的产品，60%因物流导致损耗，这可能是因为第三方物流服务质量参差不齐，运输过程中的仓储、装卸等环节管理不善。快递（如京东、顺丰）运输的产品，40%出现损耗，快递在运输速度和服务质量上有一定优势，能减少产品在途时间，降低损耗风险。自有物流损耗率最低，仅有 30%，企业或农户采用自有物流，可更好地控制运输过程，根据产品特点进行针对性的防护和管理，从而降低损耗。

表 25 新疆特色农产品物流损耗与物流运输方式的关系

产品运输方式	是否因物流导致产品损耗	
	是	否
第三方物流	60%	40%
快递（如京东、顺丰）	40%	60%
自有物流	30%	70%

（7）新疆特色农产品生产者年龄与接受政府补贴支持度的关系

由表 26 可以看出，生产者年龄与接受政府补贴支持呈负相关。22～30 岁的生产者中，70%获得政府补贴支持，年轻生产者通常更积极参与政府扶持项目，且政府为鼓励年轻人投身农业，会给予更多政策。

表 26 新疆特色农产品生产者年龄与接受政府补贴支持度的关系

年龄段	是否获得政府补贴支持	
	是	否
22~30 岁	70%	30%
31~40 岁	65%	35%
41~50 岁	55%	45%
50 岁以上	45%	55%

7.2.4 新疆特色农产品供需矛盾分析

为了进一步分析新疆特色农产品供需双方的问题，根据问卷已有的数据，测算新疆特色农产品供需矛盾指数，主要测算维度包括品质、物流、品牌、渠道和信息五个方面。矛盾指数是由五个维度的生产端和消费端的问卷得分的平均值相乘所得，数值越大，说明供需双方的矛盾越值得关注。

表 27 新疆特色农产品供需矛盾指数

排序	矛盾维度	生产端痛点	消费端痛点	矛盾指数	矛盾特征
1	物流	物流成本高	运输时效性需求	13.91	成本与效率的效益背反
2	品质	生产条件限制	品质需求	13.64	生产痛点导致市场需求的降级
3	品牌	品牌知名度低	品牌需求	13.56	供给端推广不足与消费端信任缺失
4	渠道	缺乏推广渠道	扩展购买渠道需求	13.48	流通环节冗长与渠道碎片化
5	信息	信息不对称	信息透明度需求	9.5	供需信息割裂与信任危机

表 28　新疆特色农产品供需矛盾的具体情况

生产者困境	消费者需求	矛盾表现
1. 物流成本高（占比10%~30%）	价格敏感度高（60%消费者关注性价比）	若物流成本降低，终端价格可下降
2. 品牌认知度低（仅35%生产者有认证品牌）	品牌偏好强（72%消费者倾向知名品牌）	品牌认证率提升，消费者购买意愿提高
3. 技术应用不足（仅55%生产者全面应用现代技术）	品质要求高（85%消费者关注质量安全）	技术投入增加，标准化生产形成，产品损耗率可降低，产品的质量标准提高
4. 市场信息不对称（55%生产者缺乏需求数据）	信息透明度需求（68%消费者关注产品溯源）	信息透明度提升，消费者复购率提高
5. 缺乏推广渠道（仅25%实现标准化）	渠道需求（48%的消费者希望拓展购买渠道）	购买渠道便利化，消费者购买率提升

从表 28 的矛盾指数排序可以看出，生产者与消费者的需求差异较大。其中，在物流维度，生产者与消费者的矛盾强度最大。对于生产者来说物流成本很高，而消费者要求运输的时效性，若保证时效性既提高配送成本又压缩生产者利润空间，体现在价格中后又使消费者购买率降低。而在渠道维度，消费者与生产者几乎达成共识，都要求扩展渠道，促进信息流通。生产者“卖难”，消费者“买贵”。消费者需要正宗的物美价廉的新疆特产，但在生产端农产品却难以顺利地流向市场，故形成产销矛盾。在信息维度，生产者无法获得市场信息，消费者无法完整准确地获得产品信息，导致供需信息割裂与信任危机。在品质层面，生产者的生产受到技术条件、环境条件等因素限制，目前消费者对产品有统一的品质标准要求，市场上绿色有机产品的需求旺盛，但供给端却存在空白。在品牌维度，新疆农产品品牌的建设还不完善，品牌知名度较低，但生产者消费者具有品牌偏好，形成了供给端推广不足与消费端信任缺失的问题。

7.2.5 新疆特色农产品案例分析——巴州特色农产品

7.2.5.1 巴州区位优势

新疆巴音郭楞蒙古自治州（以下简称“巴州”），有着显著的大陆性气候特点，季节变化显著，昼夜温度变化强烈，春季高温持续时间长，秋季低温持续时间短，天气阴沉，阳光充沛，但是也有一定的风力。巴州拥有充足的可再生能源，其每平方公里的太阳辐射量在3065～3171MJ/m^2之间，而且每个季节的日照时间都很充足，从7月到8月的每个季节都有195～350h的日照，而一年的平均无霜期则在207～216d之间。巴州拥有完善的多元化交通系统，巴州境内有5条国道，总长达2202km，极其优越的交通状况使得巴州的农业得到极大的推动，巴州的高效物流系统为巴州农产品远销国内外提供了便利条件。

巴州拥有独一无二的自然环境，其中蕴藏着大量的可再生自然资源，为当地的多种农作物提供了良好的条件，其中最为突出的是：麦子、包谷、棉花、甜菜、番茄、瓜果等，这些都为当地的经济发展增添了动力。巴州主要种植棉花、工业辣椒、番茄、香梨、葡萄、红枣、杏树等。根据数据，2017—2021年，种植棉花的比例显著增加，且主要集中于库尉轮地区，而种植红枣、工业辣椒、香梨的比例则基本保持稳定。2017—2021年，工业辣椒、番茄的生产量显著增加，而棉花、香梨、葡萄、杏等作物的生产则有所减弱。

表29 2017—2021年巴音郭楞蒙古自治州特色农产品种植面积和产量（一）

年份	棉花		工业辣椒		工业番茄	
	种植面积（万亩）	产量（万吨）	种植面积（万亩）	产量（万吨）	种植面积（万亩）	产量（万吨）
2017	418.65	61.75	67.41	194.69	24.81	194.04
2018	414.42	59.06	72.84	213.45	14.00	111.74
2019	408.45	60.86	77.09	127.03	14.66	219.00
2020	393.36	54.57	72.67	214.66	19.63	155.40

续表

年份	棉花		工业辣椒		工业番茄	
	种植面积（万亩）	产量（万吨）	种植面积（万亩）	产量（万吨）	种植面积（万亩）	产量（万吨）
2021	401.50	55.61	64.28	194.05	13.77	115.31

数据来源：《巴音郭楞蒙古自治州统计年鉴》

表30　2017—2021年巴音郭楞蒙古自治州特色农产品种植面积和产量（二）

年份	香梨		葡萄		红枣		杏子	
	种植面积（万亩）	产量（万吨）	种植面积（万亩）	产量（万吨）	种植面积（万亩）	产量（万吨）	种植面积（万亩）	产量（万吨）
2017	72.12	63.16	28.55	8.62	88.99	33.36	8.97	2.59
2018	65.14	40.32	27.95	10.08	86.99	37.18	7.97	2.27
2019	65.03	38.58	24.39	10.30	85.64	40.30	8.74	2.17
2020	66.36	59.23	22.02	11.19	77.14	42.71	10.30	2.14
2021	65.63	74.28	21.58	9.09	76.60	40.45	10.91	1.75

数据来源：《巴音郭楞蒙古自治州统计年鉴》

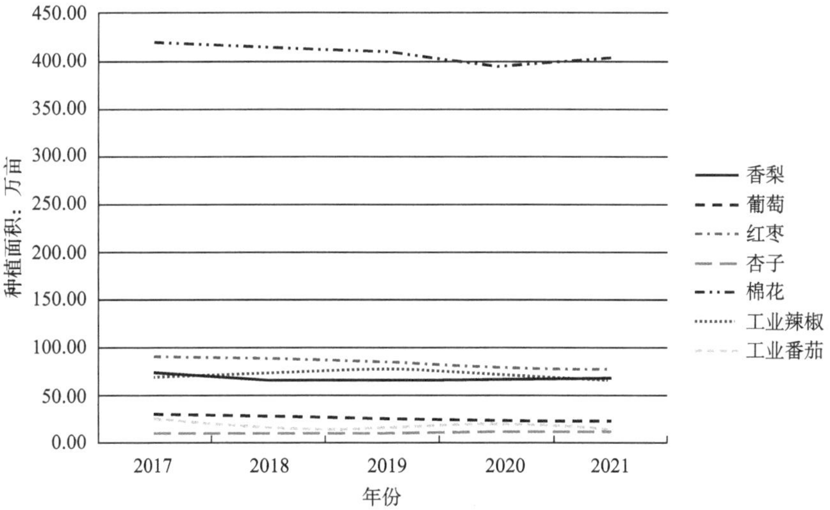

图6　2017—2021年巴音郭楞蒙古自治州特色农产品种植面积

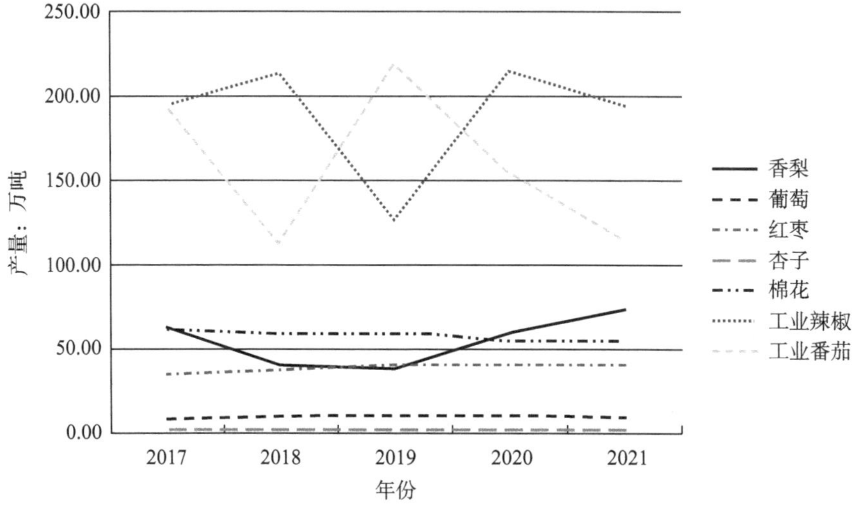

图 7　2017—2021 年巴音郭楞蒙古自治州特色农产品产量

7.2.5.2　巴州发展特色农业的必要性

一是可以满足消费者新需求。随着经济社会的发展，消费者对品牌的需求大幅度提升，从汽车到家用电器，再到服装及日用品，品牌多样。但是，农产品，例如粮食、水果、蔬菜、鲜肉、水产品、禽蛋中，被人熟知的品牌类型相对较少。中国人均 GDP 已突破 1 万美元，中国消费者的需求结构已经从吃得饱向吃得好、吃得健康和吃出品质转变。特色农产品成为品牌农产品，将受到消费者的信任和喜爱，最终产生交易，让消费者能够买到放心的农产品，满足自身丰富的新需求。

二是特色农业可以提升涉农企业的市场竞争力。制约巴州农业发展的主要因素是农产品产量多，但是相对的质量和价值却上不去，导致农产品在市场上价格相对偏低，影响相关企业的经济收益。农产品本身具有差异化较小的特点，而品牌是一种源于产品高于产品的无形的和有形的东西的总和，在品牌内涵上有价值、有差异，在外在形象上光鲜、有品质和品位，外在形象能反映内涵，彰显差异。因此，相关企业针对特色农产品，应注重提高农产品的价值，培育特色农产品品牌，从而提高特色农产品的市场价格，提升涉农企业市场竞争力。

三是特色农业是农业现代化的抓手。农业涉及的人口数量庞大，现代农业产业是一二三产业有效融合的纽带，形成的新的产业形态有助于经济增长。品牌农业是农业、农村经济和农业产业化，企业经营与发展的抓手，是农业走向市场的手段和落脚点，是打通食品业和农业的媒介，是农业和农业企业走向现代化的标志。

7.2.5.3 巴州特色农业发展概况

（1）“三品一标”认证推广工作成效显著

特色农业发展中很重要的一方面是品牌化，“三品一标”是特色农产品认证的重要指标。“三品一标”旨在建立一个以“三品一标”为基础的、具备可持续发展能力的、具备可追溯性的农产品体系，以满足当前及未来一段时间内的市场需求。“三品一标”是政府主导的安全优质农产品公共品牌，是当前和今后一个时期农产品生产消费的主导产品。巴州的农产品地理标志旨在表明其产品的品质、品种、品牌等，这些标志的形成与当地的自然生态环境、历史文化等多方面密切相关，据统计，截至2021年，巴州全州现有绿色食品认证46个、有机农产品认证130个、农产品地理标志认证13个（表31）。这些标志的形成为当地的经济发展提供了重要的支撑。

表31　巴音郭楞蒙古自治州农产品地理标志情况

产品名称	产品编号	证书持有者	登记年份
巴音布鲁克蘑菇	AGI00833	和静县园艺技术推广站	2011年
尉犁甜瓜	AGI01237	尉犁县农业技术推广中心	2013年
尉犁西瓜	AGI01238	尉犁县农业技术推广中心	2013年
博湖辣椒	AGI01239	博湖县农业技术推广中心	2013年
新疆兵团二十七团啤酒花	AGI01249	新疆生产建设兵团农二师二十七团	2013年
开来红辣椒	AGI01195	新疆生产建设兵团农二师二十一团	2013年
塔里木垦区马鹿茸	AGI01375	新疆生产建设兵团第二师畜牧兽医工作站	2013年
新疆兵团三十一团罗布麻	AGI01662	新疆生产建设兵团第二师三十一团	2015年
尉犁罗布羊肉	AGI01733	尉犁县金秋胡杨旅游协会	2015年

续表

产品名称	产品编号	证书持有者	登记年份
新疆兵团二十九团香梨	AGI01896	新疆生产建设兵团第二师二十九团	2016 年
二二三团苹果	AGI00586	新疆生产建设兵团农业建设第二师二二三团	2011 年
尉犁罗布麻茶	AGI02374	尉犁县农业技术推广中心	2018 年
库尔勒香梨	AGI03268	巴音郭楞蒙古自治州库尔勒香梨协会	2020 年

数据来源：全国农产品地理标志查询系统地标查询（anluyun. com）

（2）特色农业建设主体队伍不断壮大

根据最新数据，2021 年，巴州从事农产品生产和销售的公司有 462 家，109 家农业产业化的龙头公司，其中，全国级的 7 家、地区级的 52 家和民族自治州级的 50 家。此外，巴州还有 3291 家农户专业合作社，分别是全国级的 20 家、地区级的 123 家和民族自治州级的 140 家。

地方政府支持力度加大。2020 年，巴州农业农村局积极推进《新疆库尔勒香梨优势特色产业集群建设实施方案》的出台，以及针对香梨、辣椒、棉花等特色农业的开拓，积极开展招商引资活动，共计 11 类 58 个，累计投入 112. 25 亿元。巴州农业局已经投入 14. 24 亿元用于基础设施建设和有机肥加工厂的建成，并且组织申报，将焉耆辣椒和若羌红枣等农产品发展成为了国家现代农业产业园，还为若羌和博湖的发展提供了详细的规划。

（3）品牌质量监管力度不断加大

巴州积极推进 2020 年农产品质量安全定性、定量、综合检测工作，累计抽检 9323 个样品，合格率达 99%，实现了从定植到收获的全程可靠管理。此外，为进一步提高食用农产品安全标准，巴州还严格审查企业、合作社、家庭农场、大户等 111 家，为流入市场的 3744 吨农产品核发了 6404 份合格证，并对符合条件的农产品进行了检验。

7. 2. 5. 4 案例分析——库尔勒香梨

（1）基本情况

根据库尔勒香梨协会的数据，“库尔勒香梨”目前是家喻户晓的区域公用品牌。1996 年，它被认定为中国第一个拥有原产地标志的商标；2020

年 7 月，欧盟批准了中欧地域标识协议，库尔勒香梨地域标志产品被列为第一批保护名录；9 月 9 日，“库尔勒香梨”被评定为 2020 中国最具影响力的地域标识品牌，其市场价值达 110.34 亿元，较 2019 年提高 9.42 亿元，增幅度达 9.33%，在梨类中连续 3 年排名第一；2020 年 12 月 25 日，“库尔勒香梨”荣获农业农村部农产品地理标志。

根据库尔勒香梨协会的统计，香梨的种植和销售对当地的农村人口有着深远的影响，其中 20 余万人受益于香梨的种植，而香梨作为库尔勒市的特色林果业，不仅为当地农民提供了可观的收入，更成为了库尔勒市一张独特的名片。

（2）产量产地分布

库尔勒香梨的产地主要集中在巴州南部和阿克苏东南部，以及塔克拉玛干荒漠的北端，而尉犁、轮台、库车、新和、沙雅、阿克苏、阿瓦提等地也是其重点分布区域。

如表 32 所示，2017 年全疆库尔勒香梨产量为 100 万吨。巴州地区产量为 63.16 万吨，占全疆的 63.16%。2018 年全疆 70 万吨，巴州地区产量为 40.32 万吨，占全疆的 57.60%，较上年有所下降。2019 年库尔勒香梨全疆产量为 90 万吨，巴州地区产量为 38.58 万吨，占全疆的 42.87%，与 2017 年相比，所占比重有所下降。但是在 2020 年，全疆库尔勒香梨产量为 111 万吨，巴州地区产量为 59.23 万吨，比重有所回升。2021 年库尔勒香梨产量全疆 130 万吨，巴州地区产量为 74.28 万吨，占全疆的 57.14%，占比持续上升。结果表明，2017—2021 年，巴州地区库尔勒香梨的产量在全疆库尔勒香梨产量中占比发生了小范围的波动，平均占比为 54.83%，这说明新疆库尔勒香梨产量的一半以上都来自巴州地区，巴州地区是库尔勒香梨的主产区。

进一步分析 2017—2021 年库尔勒香梨在巴州的产量和种植面积的变化可以看出，巴州库尔勒香梨的产量和种植面积都呈现增加的趋势，种植面积保持较稳定的增长速度，产量在 2018 年、2019 年有所下降，但是在 2020 年、2021 年又出现上涨，说明巴州库尔勒香梨的种植过程是在不断优化的，产量在回升，见图 8。

表 32　2017—2021 年库尔勒香梨种植面积和产量

年份	巴州	产量		
	种植面积（万亩）	巴州（万吨）	全疆（万吨）	巴州产量占全疆产量的比重（%）
2017	72.12	63.16	100	63.16%
2018	65.14	40.32	70	57.60%
2019	65.03	38.58	90	42.87%
2020	66.36	59.23	111	53.36%
2021	65.63	74.28	130	57.14%

数据来源：《巴州统计年鉴》；库尔勒香梨协会提供

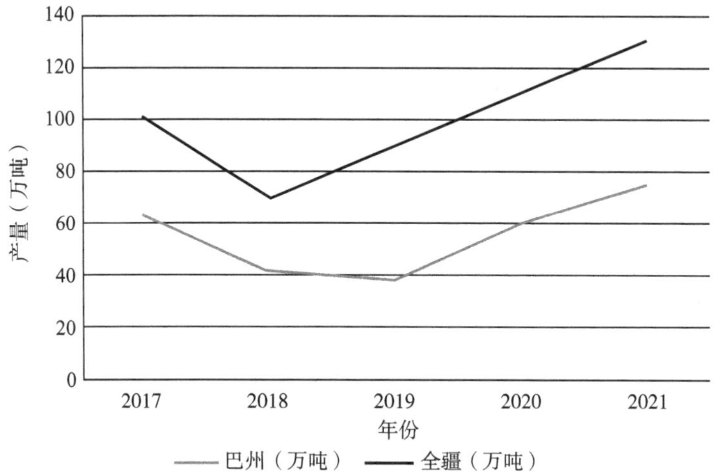

图 8　2017—2021 年巴州地区库尔勒香梨产量与全疆对比

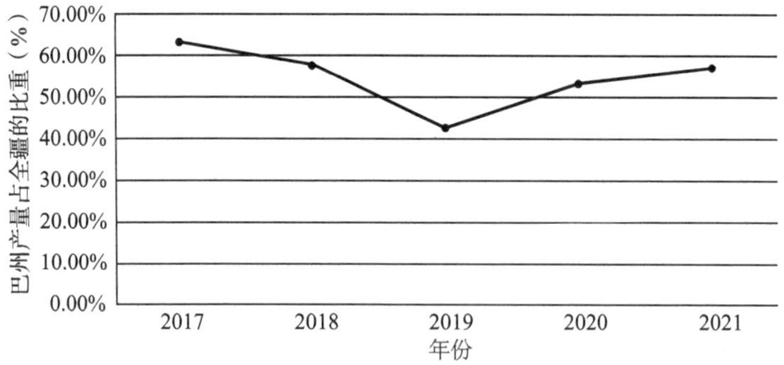

图 9　2017—2021 年巴州库尔勒香梨产量占全疆库尔勒香梨产量的比重

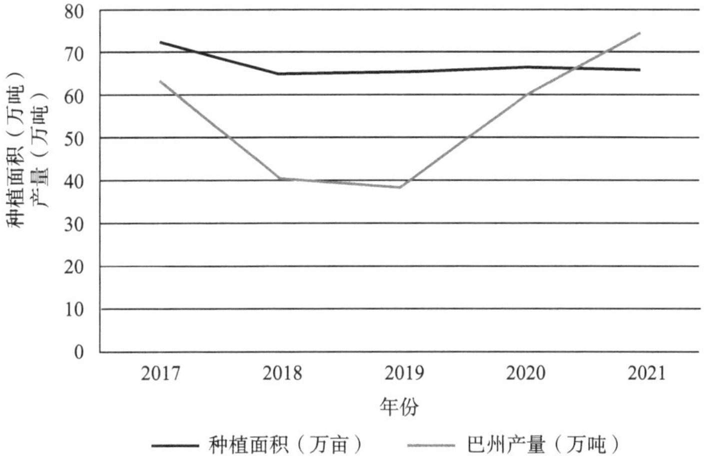

图 10 2017—2021 年巴州地区库尔勒香梨种植面积与产量

（3）库尔勒香梨市场需求现状

在 2022 年 4 月初，库尔勒香梨的销售价格在 4~10.5 元/公斤之间波动，但总体来看，市场情况较为平静。根据中国果品流通协会的最新统计，截至 4 月 1 日，库尔勒香梨（单果重 110g 以上）的全国平均销售价为 8.84 元/公斤，与去年同期比较，环比上涨 0.23%，同比上涨 0.11%。

为了了解库尔勒香梨的市场需求情况，面向消费者发放问卷，共收回有效问卷 1443 份。问卷设计的问题主要包括四个方面：一是被调查者的基本情况，二是被调查者对库尔勒香梨的了解程度，三是被调查者对市场上库尔勒香梨的同类商品的了解程度，四是被调查者对库尔勒香梨的预期。

①样本特征

调查对象的基本情况：53.98%的被调查者的年龄是 18~25 周岁，23.77%的被调查者的年龄是 25~35 周岁。被调查者中，20.3%的消费者来自西北地区，17.05%的消费者来自华南地区。调查对象中，认为库尔勒香梨没有发展前景的人占到了 16.77%，其余 83.23%的人均认为库尔勒香梨具有良好的发展前景，这说明被调查的消费者对库尔勒香梨的市场前景总体来说比较看好。

表 33　样本基本情况

	变量	样本量	比例（%）
您的年龄（岁）	18~25	779	53.98
	25~35	343	23.77
	35~45	193	13.37
	45 以上	128	8.87
您居住地所在地区	东北地区	171	11.85
	华北地区	182	12.61
	华东地区	193	13.37
	华南地区	246	17.05
	华中地区	183	12.68
	西北地区	293	20.30
	西南地区	175	12.13
您认为库尔勒香梨未来的前景如何	很有前景	121	8.39
	没有前景	242	16.77
	一般	584	40.47
	有前景	496	34.37

数据来源：根据调查问卷整理所得。

②消费者对库尔勒香梨及其深加工产品的态度

对库尔勒香梨及其深加工产品进行调研后发现，在被调查对象中，大部分消费者对库尔勒香梨比较了解，占到了被调查对象的一半以上。这说明目前库尔勒香梨的品牌知名度较高。喜欢库尔勒香梨的消费者占被调查对象的一半以上，这说明消费者对库尔勒香梨的认可度较高。被调查对象认为，自己周围的人对库尔勒香梨的了解程度相对较少，不了解库尔勒香梨的人数占到了 30.08%，相对而言，对库尔勒香梨很了解的人数占到了 22.38%。与此情况不同的，被调查者认为，周围人虽然对库尔勒香梨了解程度相对较低，但是需求度却很高，其中，很需要和需要的人总计占到了总人数的 55.44%，这说明被调查的消费者认为，他们周围很多人不了解库尔勒香梨，但是非常需要库尔勒香梨，说明需要使周围人提升对库尔勒香梨的了解程度，以此增加对库尔勒香梨的购买，进一步说明被调查者愿意向周围人介绍并推荐库尔勒香梨。

同时，从调查结果看，被调查的消费者十分期待库尔勒香梨的深加工，很期待的人数占到了被调查对象的36.04%，这说明被调查的消费者对库尔勒香梨深加工产品的市场前景十分看好。基于以上的情况，消费者对于库尔勒香梨的价格比其他同类农产品的价格高的这种可能性，接受度相对较低，389人很愿意接受，占总人数的26.96%，351人很不愿意接受，占总人数的24.32%。显然，很不愿意接受和愿意接受的人数的比例关系接近1∶1，这说明，消费者对库尔勒香梨的市场价格比较关注，在一定程度上对库尔勒香梨价格上涨持有的支持度不一致。

表34　消费者对库尔勒香梨及深加工产品的喜好

	变量	样本量	比例（%）		变量	样本量	比例（%）
您对库尔勒香梨的了解程度	不了解	169	11.71	周围人对库尔勒香梨需求度	不需要	153	10.60
	很不了解	276	19.13		很不需要	295	20.44
	很了解	510	35.34		很需要	502	34.79
	了解	347	24.05		需要	298	20.65
	一般	141	9.77		一般	195	13.51
您对库尔勒香梨的喜爱程度	不喜欢	107	7.42	库尔勒香梨高价接受度	不愿意	242	16.77
	很不喜欢	152	10.53		很不愿意	351	24.32
	很喜欢	465	32.22		很愿意	389	26.96
	喜欢	409	28.34		一般	299	20.72
	一般	310	21.48		愿意	162	11.23
周围人对库尔勒香梨的了解程度	不了解	235	16.29	您对库尔勒香梨深加工产品的期待值如何	不期待	89	6.17
	很不了解	434	30.08		很不期待	174	12.06
	很了解	323	22.38		很期待	520	36.04
	了解	284	19.68		期待	282	19.54
	一般	167	11.57		一般	378	26.20

数据来源：根据调查问卷整理所得。

③消费者购买库尔勒香梨的途径

通过对消费者购买库尔勒香梨的途径进行调查后发现，消费者主要通过网络购买库尔勒香梨，占到了 82.47%，其次通过超市购买以及接受亲友赠送，占比分别为 48.23%和 38.12%。这说明目前消费者对于线上购买库尔勒香梨已经比较接受，并且库尔勒香梨的电商销售也取得了一定的进步。

表 35 消费者购买库尔勒香梨的途径响应率和普及率

途径	响应		普及率（%）（n=1443）
	n	响应率（%）	
网上购买	1190	38.19	82.47
超市购买	696	22.34	48.23
亲友赠送	550	17.65	38.12
公司赠送	364	11.68	25.23
其他途径	316	10.14	21.90
汇总	3116	100.00	215.94
拟合优度检验：$\chi^2=791.843$ $p=0.000$			

数据来源：根据调查问卷整理所得。

注：普及率是指某选项人数占总人数的百分比，响应率是指选择某选项的人数在所有响应（总选择次数）中的比例，响应率加和为 100%。在应用上，普及率可用于独立分析各选项被选中的比例，并且进行对比。而响应率用于对比各个选项的响应比例情况。

④消费者对库尔勒香梨的替代品以及加工产品的偏好

在对消费者对于不同类型梨的选择的调查中，被调查者中 86%的人倾向于选择库尔勒香梨，这说明库尔勒香梨在同类产品中有较高的竞争力，受到消费者的喜欢。

表 36 消费者对不同种类梨选择的响应率和普及率

梨的种类	响应		普及率（%）（n=1443）
	n	响应率（%）	
雪花梨	573	15.38	39.71
鸭梨	993	26.65	68.81

续表

梨的种类	响应		普及率（%）（n=1443）
	n	响应率（%）	
苹果梨	919	24.66	63.69
库尔勒香梨	1241	33.31	86.00
汇总	3726	100.00	258.21
拟合优度检验：$\chi^2=245.036$ $p=0.000$			

数据来源：根据调查问卷整理所得。

通过对消费者关于库尔勒香梨深加工产品的情况分析，总体来看，消费者对库尔勒香梨的深加工产品比较喜欢，但是对不同的深加工产品的偏好不同。29.31%的消费者很喜欢香梨糖，23%的消费者偏好于香梨膏，18.26%的消费者对香梨馕有较大的兴趣。这可以为库尔勒香梨深加工厂商提供一定的市场信息，增加对库尔勒香梨的深加工，提高库尔勒香梨深加工产品的附加值，在提高库尔勒香梨的品牌知名度的同时，带动当地品牌农产品深加工产业的发展，实现产业兴旺。

表 37　消费者对库尔勒香梨深加工产品的响应率和普及率

香梨深加工产品	响应		普及率（%）（n=1443）
	n	响应率（%）	
香梨馕	732	18.26	50.73
香梨罐头	638	15.91	44.21
香梨膏	922	23.00	63.89
香梨糖	1175	29.31	81.43
其他	542	13.52	37.56
汇总	4009	100.00	277.82
拟合优度检验：$\chi^2=315.446$ $p=0.000$			

数据来源：根据调查问卷整理所得。

（4）库尔勒香梨市场需求影响因素分析

随着经济社会的快速发展，居民收入水平不断提高，在购买商品时，对商品的价格、包装和广告等方面的要求也在不断提高，作为一种水果，居民在购买库尔勒香梨时，也会考虑上述方面。在被调查者中，在购买库尔勒香梨时，首先考虑的是库尔勒香梨价格的居民占23.89%，这与我们购买大多数商品时首先考虑的因素一致，都是价格。同时，商品的市场供给量和推广程度也是消费者选择是否购买库尔勒香梨的重要影响因素，但是，相比而言，消费者更加看重的还是库尔勒香梨的品质，也就是在调查过程中设定的产品质量选项，这部分消费者占到了被调查者的75.54%。

表38　消费者购买库尔勒香梨影响因素响应率和普及率

影响因素	响应		普及率（%）（n=1443）
	n	响应率（%）	
包装	535	10.92	37.08
广告	769	15.70	53.29
市场价格	1170	23.89	81.08
市场供给	806	16.46	55.86
产品质量	1090	22.25	75.54
其他	528	10.78	36.59
汇总	4898	100.00	339.43
拟合优度检验：$\chi^2=446.638$ $p=0.000$			

数据来源：根据调查问卷整理所得。

库尔勒香梨皮薄肉细，汁多味甜，酥脆爽口。通过调查消费者购买库尔勒香梨的动机，发现29.98%的消费者购买库尔勒香梨的主要原因是被其味道吸引，这说明库尔勒香梨的口味在消费者心目中已经有了一定的信任基础，同时，库尔勒香梨作为库尔勒的地理标志农产品，在消费者中具有一定的品牌效应。库尔勒香梨的第二个吸引力来自它丰富的营养成分，根据相关数据，库尔勒香梨的可食用部分占总重的83.6%，不仅富含蛋白质、碳水化合物，而且还富含多种有利于身心健康的微量元素。库尔勒香梨的独特之处在于它丰富的营养成分，这一点在很大程度上得到了消费者的认可。25.39%的受访者表示，他们非常喜欢库尔勒香梨，认为它能够为他们带来更多的健康和美味。

表 39 消费者对库尔勒香梨购买动机响应率和普及率

购买动机	响应		普及率（%）（n=1443）
	n	响应率（%）	
营养	1040	25.39	72.07
味道	1228	29.98	85.10
特色	761	18.58	52.74
好奇心	617	15.06	42.76
其他	450	10.99	31.19
汇总	4096	100.00	283.85
拟合优度检验：$\chi^2=483.949$ $p=0.000$			

数据来源：根据调查问卷整理所得。

（5）库尔勒香梨发展模式分析

①“龙头企业+农民专业合作社+家庭农场+种植户”模式

从生产经营主体来看，形成“龙头企业+农民专业合作社+家庭农场+种植户”模式，可以有效推进库尔勒香梨产业的整合集聚，完善产业链。从库尔勒香梨个体种植户的角度出发，鼓励其加入农民专业合作社或组建家庭农场，对生产加工库尔勒香梨的龙头企业，给予相应的政策扶持，帮助龙头企业进一步增强带动能力、科技含量和经济效益。

建立库尔勒香梨全产业链数字化大数据中心，利用产业数字化优势，加大相关资金投入，支持库尔勒香梨生产、检测检验、科技研发、果品加工等深加工产品生产过程中的绿色标准化生产。制定完善库尔勒香梨种植、品质、等级、检验、贮藏、包装、加工、运输等全产业链技术规程，按照国家标准、行业标准和地方标准，推动标准体系建设，推动库尔勒香梨产业优质发展。

②“互联网+品牌”模式

鼓励库尔勒香梨生产经营者积极参加国内外林果产品展销会、交易会、博览会等展销活动，在活动中大力宣传推介库尔勒香梨，提升库尔勒香梨品牌知名度。同时，利用广播、电视、报刊、网络、微博、微信等媒介，加大对库尔勒香梨产业的宣传力度，在国内外市场上提升库尔勒香梨品牌的影响力。

培养专业的品牌建设和管理团队，借助互联网发展，制定专业科学的库尔勒香梨品牌建设和营销方案，形成线下销售经营连锁渠道，同时进一步加快线上营销渠道的发展，在京东、天猫、苏宁易购等网络平台，借助直播带货等新媒体营销方式，拓宽库尔勒香梨销售渠道。力争在线上线下实现一体化，库尔勒香梨产业市场占有率进一步扩大。

③“库尔勒香梨+”模式

加强顶层设计，引导和鼓励库尔勒香梨与巴州特色旅游产业相结合，共同发展，具体地，借鉴法国葡萄酒与当地旅游产业结合的方式，在巴州乡村旅游发展中推广库尔勒香梨以及相关深加工产品，制定标准化旅游路线，并附上图文并茂的说明，吸引游客。同时，充分挖掘库尔勒香梨蕴含的民族风情和历史文化，结合开展库尔勒香梨旅游文化节来提升库尔勒香梨品牌的文化价值。如前所述，库尔勒香梨蕴含多种营养元素，这些营养元素对人体健康十分有益，鉴于此，可以将库尔勒香梨与健康养生产业融合发展。通过一系列的融合发展，形成“库尔勒香梨+”模式，提升库尔勒香梨产业的综合经济效益。

经过深入分析，巴州品牌农业的发展受到了多方面的限制，其中最为突出的是政策、市场、技术、资金等方面的不足。

7.3 新疆特色农业产业集群发展现状

2025 年 1 月 5 日，新疆维吾尔自治区党委十届十三次全会召开，提出要“打造十大产业集群”。新疆十大产业集群包括油气生产加工、煤炭清洁高效利用、新型电力系统、绿色矿业及加工、先进制造和新材料、粮食和食品加工、棉花和纺织服装、绿色畜牧产品及优质果蔬、文化和旅游、现代商贸物流等产业集群。

其中，与特色农业直接相关的产业集群有粮食及食品加工、棉花及纺织服装、绿色畜牧产品、优质果蔬等。另外7个产业群也是与特色农业发展紧密相关的产业群，比如结合文化旅游、特色农业，为发展特色农业提供良好物流环境的现代商贸物流产业集群。

7.3.1　粮食和食品加工产业

粮食生产成绩突出：2024年，新疆粮食总产466亿斤，位居全国第十三，粮食单产524.8公斤/亩，高出全国平均水平130公斤，位居全国第一；粮食种植面积较上年增加202.9万亩，占全国增量的38.6%，增量居全国第一。新疆小麦食品安全指标合格率100%，一等小麦占比达96%，小麦平均容重815g/L，三项指标均居全国第一。

《新疆维吾尔自治区“十四五”粮食产业高质量发展规划》提出，积极引导粮食加工规模化、专业化、精细化发展，布局加工产业聚集区和集群，提高小麦和玉米就地加工转化率。部分地区如奇台县半截沟镇腰站子村，以有机农产品深加工为纽带，集休闲、旅游、观光为一体，推动乡村振兴。

7.3.2　棉花和纺织服装产业

棉花生产创历史新高：2024年，新疆棉花总产量为568.6万吨，同比增长11.2%，占全国棉花总产量的92.2%；单产154.9公斤/亩，同比增长7.6%，棉花品质为近6年来最好，棉花收购加工平稳有序。

纺织产能增长迅猛：地方和新疆生产建设兵团新增纱锭461万锭，截至2024年底，全疆纱锭达2910万锭，各类织机达6.24万台，纱锭和织机增速均为历史之最。棉花疆内转化率达42%，较上年提升4个百分点。

主要纺织指标呈增长态势：2024年，新疆规模以上纺织企业总产值同比增长24.5%，完成工业增加值同比增长27.4%。全年纱产量同比增长16.4%，布产量同比增长72.6%，非织造布（无纺布）产量同比增长1.2倍，化学纤维产量同比增长19.5%。新疆口岸纺织品服装出口额为1094.8

亿元，同比增长1.8%。

吸纳就业稳步攀升：2024年，新疆规上企业较上年增加61家，实现新增就业5.04万人。

7.3.3 绿色畜牧产品产业

生产规模较大：新疆已初步构建北疆牧区和南疆生产基地的规模化养殖格局。北疆牧区有褐牛60万头、荷斯坦牛70万头，哈萨克羊、阿勒泰羊、巴什拜羊900万只；南疆西门塔尔牛生产基地50万头，多浪羊、和田羊500万只，为产业化经营打下了良好的基础。

产业体系逐步完善：新疆累计建成标准化规模养殖场（小区）5000多个，已发展规模涉牧企业400多家、畜牧合作社1000多家。涌现出巴尔鲁克、巴口香、福润德、小巴依、木垒羊肉、天山贡羊等牛羊肉品牌，乳品厂可生产酸奶、灭菌奶和巴氏奶等3个系列近30种乳制品。2024年，全区猪牛羊禽肉总产量211.76万吨，增长1.3%，产量再创新高。

绿色发展态势良好：新疆坚持改造提升传统畜牧业、开拓创新现代畜牧业两大方向，推进畜禽废弃物资源化利用，计划再用3年时间使全区畜禽粪污资源化利用率达到80%以上，加快实施病死畜禽无害化处理工程，逐步完善无害化处理与保险联动机制。

7.3.4 优质果蔬产业

产业规模大：新疆是中国加工番茄的黄金产区，加工番茄产量占到了全国总产量的80%，番茄酱出口量占全国的70%，约占世界贸易总量的四分之一。作为我国优质果品生产基地，林果面积持续稳定在2000万亩，年产量达1400万吨，商品果率稳定在86%以上。

品质优良：新疆独特的自然条件使得果蔬品质绝佳，如莎车县戈壁产业园通过智能温室技术，打造“四季可控”的果蔬生长环境，生产出的樱桃红润饱满。

产业链不断延伸：以番茄为原材料，经过深加工的番茄汁、番茄粉、番茄籽油、番茄红素等高附加值产品不断涌现。2025 年，新疆将持续提升果品出口能力，力争全年果品出口 25 万吨以上，推进林果全产业链优化升级。

7.4 新疆特色农业产业集群发展建议

7.4.1 构建三级城乡联动的产业服务平台

（1）做强核心产业

打造“世界棉都”：依托棉花全产业链优势，推进机械化、智能化种植，发展高端纺织、服装加工，建设国家级棉花产业集群。提升特色林果业：重点发展红枣、核桃、香梨、葡萄（含酿酒葡萄）等，建设南疆环塔里木盆地林果产业集群和北疆特色林果加工带。发展红色产业：扩大番茄、辣椒、枸杞等深加工规模，推动生物提取技术应用，提升附加值。培育畜牧业集群：以伊犁、阿勒泰等地为主，发展牛羊肉、乳制品产业，推广“草畜一体化”生态养殖模式。

（2）推动多产融合

发展“农业+文旅”：结合吐鲁番葡萄沟、伊犁薰衣草基地等资源，开发田园综合体、农业观光体验项目。探索“农业+新能源”：利用戈壁荒漠资源，推广光伏农业（如光伏大棚种植养殖），实现土地复合利用。

7.4.2 创新“产业飞地”跨区域协作机制

（1）技术攻关与推广

建立节水农业示范区：推广智能滴灌、水肥一体化技术，联合高校研发耐旱作物品种，打造智慧农业平台，应用物联网、遥感监测等技术，实现种植、加工、物流等全流程数字化管理。冷链物流体系发展：在枢纽节点布局冷链仓储中心，如喀什、霍尔果斯等，解决生鲜产品损耗问题。

（2）产学研协同创新

联合中国农科院、新疆农垦科学院等机构，设立特色农业技术研发中心，重点突破林果保鲜、棉秆综合利用等关键技术。推动“科技小院”模式，鼓励科研人员驻点田间指导生产。

7.4.3 完善农产品质量安全追溯体系

（1）打造区域公用品牌

统一“新疆礼物”标识，细分“天山北麓葡萄酒”“和田大枣”等子品牌，建立地理标志产品溯源体系。举办国际性农业展会（如中国—亚欧博览会农业板块），提升品牌国际影响力。

（2）拓展销售渠道

国内布局：在京津冀、长三角等中心城市设立新疆农产品展销中心，发展社群电商、直播带货。

国际开拓：利用中欧班列、跨境自贸区优势，扩大对中亚、中东欧国家的出口，探索建立海外仓。

7.4.4 完善产业生态，增强可持续性

（1）优化政策支持

设立农业产业集群发展基金，对深加工、冷链物流企业给予税收优惠。推动“土地流转+职业农民培训”，引导合作社、家庭农场参与集群建设。

（2）深化开放合作

与援疆省份共建产业园区（如山东—喀什现代农业产业园），引入龙头企业带动本地配套。探索中哈边境农业合作区的发展模式，开展跨境种业、农机服务等合作。

（3）绿色发展与生态保护

推广棉田残膜回收技术，发展林果枝条生物质能源化利用，构建循环农业模式。在伊犁河谷、塔里木河流域等生态敏感区，实施“种植规模红

线”管控。

7.4.5 差异化区域布局

在北疆，以棉花、畜牧养殖、酿葡萄酒为核心，发展规模化、机械化现代农业，在南疆，以林果业、设施农业为重点，推广“庭院经济+合作社”模式，为振兴乡村助力。在东疆地区，要发挥吐鲁番、哈密地区的气候优势，发展反季节瓜果和制种产业。

8　城乡融合视角下特色农业产业集群的优化策略

8.1　基于城乡要素流动的产业集群创新驱动策略

8.1.1　人才培养与引进机制创新

在城乡融合的大背景下，人才作为关键要素，其培养与引进机制的创新对于特色农业产业集群的创新驱动发展至关重要。

政策激励吸引人才回流与流入：政府要出台一系列有吸引力的政策，鼓励城市人才投身特色农业产业集群发展，要设立专门的人才补贴，对各类返乡创业或到农村特色农业领域就业的人才，在创业启动资金上给予安居补贴、生活补贴和创业启动资金。例如，为吸引农业技术专家，可提供一套乡村人才公寓，每年给予5万~10万元的生活补贴，以及20万~50万元的创业启动资金，用于开展农业技术研发和推广项目。同时，对在特色农业产业集群中做出突出贡献的人才，给予荣誉称号和奖励，提高其社会地位和职业认同感，如设立“特色农业产业杰出人才奖”，奖金为10万元，并在当地媒体进行宣传报道。

搭建校企合作人才培养平台：加强城乡高校、职业院校与特色农业产业集群内企业合作，建立联合人才培养基地，高校和职业院校根据产业集群实际需求，调整专业设置和课程体系，开设特色农业种植、农产品加工、农业电子商务等相关专业课程。如某职业院校与当地特色水果产业集群合作，开设水果种植与病虫害防治、水果保鲜与加工技术、水果电商营销等课程，并安排学生到企业进行实习实训，使学生在学习期间掌握实际生产技能。企业则为学生提供实习岗位和实习指导，参与制订学校人才培养方案，确保培养的人才与企业和产业发展需求相适应。

开展农村人才素质提升工程：利用城乡教育资源，开展农村劳动力职业技能培训和素质提升工程，组织农业专家、技术人员深入农村，开展特色农业种植技术、养殖技术、农产品加工技术等培训讲座和现场指导。如定期举办为期一周的特色蔬菜种植技术培训班，邀请农业知名专家授课，让农民通过理论讲解与现场操作相结合的方式，掌握种植的先进技术。同时，利用网上教育平台，开设农业知识在线课程，方便农民随时随地学习，增强农民科技素质和创新意识，为特色农业产业集聚发展培养地方人才。

8.1.2 科技成果转化与应用策略

在城乡融合的大环境下，推动科技成果在特色农业产业集群中的高效转化与应用，是实现产业创新发展的关键环节。

构建科技成果转化平台：政府应牵头搭建一个综合性的农业科技成果转化平台，整合城乡的科研机构、高校以及特色农业产业集群内的企业等多方资源。平台一方面要收集整理各类农业科技成果信息，建立详细的成果数据库，涵盖从种植养殖新技术、农产品加工新工艺到农业信息化管理系统等多领域成果；另一方面，为成果供需双方提供对接服务，定期组织科技成果推介会、项目洽谈会等活动。例如，每季度举办一次农业科技成果转化对接会，邀请科研团队现场展示最新研究成果，产业集群内企业可根据自身需求与科研团队进行面对面交流、合作洽谈，促进科技成果与特色农业产业的精准对接。

完善科技成果转化服务体系：建立健全涵盖技术评估、法律咨询、知识产权保护、金融支持等多方面的科技成果转化服务体系。引进专业技术评估机构，对农业科技成果进行客观科学的评估，确定其技术成熟度、市场前景、经济效益，为企业投资决策提供依据，同时加大知识产权保护力度，为科研成果提供法律保障，鼓励科研人员积极创新，为企业发展提供了有利条件。在金融支持方面，设立农业科技成果转化专项资金，为成果转化项目提供低息贷款、创业投资等金融服务，解决企业成果转化过程中的资金难题。如对市场前景好的农产品保鲜技术转化项目，专项资金可提供最高500万元的低息贷款，贷款期限为5～10年，帮助企业顺利进行技术转化和生产应用。

加强科技成果示范推广：在特色农业产业集聚区建立科技成果示范基地，通过示范基地建设，向农户、农业企业直观展示先进农业科技成果，示范基地要配备专业技术人员，进行种植、养殖新技术、新成果的示范等指导。如在某特色花卉产业集群建立花卉新品种和栽培技术示范基地，展示最新培育的花卉品种和无土栽培、温室智能调控等先进栽培技术，定期组织周边农户、花卉企业参观学习，让他们亲身感受科技成果带来的好处，并通过科技成果，在花卉产业集群中推广应用，促进花卉产业的发展。同时，制作发布科技成果应用案例视频和科普文章，利用抖音、微信公众号等新媒体平台，扩大示范推广覆盖面，加快特色农业产业集群科技成果应用普及。

8.2 城乡融合发展中的产业集群市场拓展与品牌建设策略

8.2.1 电商平台与营销渠道融合拓展

在城乡融合发展的大趋势下，电商平台与传统营销渠道的深度融合，是特色农业产业集群实现市场拓展的重要路径。

线上线下协同运营：推动电商平台与线下门店协同销售特色农产品，一方面，电商平台为线下门店引流，通过线上展示产品信息、发布促销活动等方式，吸引消费者到线下门店体验购买。例如，“线下门店自提优惠”活动在电商平台上线，消费者在电商平台下单后，在线下门店就近选择自提特色农产品，在线下门店购买，在节省物流成本的同时，还能在线下门店增加客流量，享受一定的价格优惠。另一方面，线下门店提供线上销售支持，消费者通过扫描二维码或登录电商平台进行二次购买，线上线下无缝对接，线上线下都可以在线下门店体验产品。同时，线下门店还可作为电商平台的售后服务点，为消费者提供产品咨询、退换货等服务，提升消费者购物体验。

构建全渠道营销体系：整合电商平台、社交媒体、直播平台、线下实体店等多种营销渠道，构建全渠道营销体系，通过大数据分析技术，收集分析不同渠道消费者的行为数据，了解消费者喜好、购买习惯，做到精准营销，通过大数据分析，让消费者在不同渠道的行为数据得到更好的体验。例如，根据消费者在电商平台的浏览记录和购买历史，为其推送个性化的产品推荐信息；在社交媒体平台上，针对不同兴趣群体开展精准的广告投放，提升营销效果。同时，无论消费者通过何种渠道接触到特色农产品，都能在不同渠道保持品牌形象和产品信息的一致性，获得品牌认知的统一，购物体验的统一。

拓展社交电商渠道：充分利用社会化电商的力量，拓展特色农产品销售渠道，鼓励农户、农业企业在微信、微博、摇摇等社交平台上开展社会化电商活动，通过建立社群、发布产品内容、开展团购等多种方式，实现社会化传播，销售产品。比如在微信上建立特色农产品社群，邀请消费者加入，定期发布农产品的种植、养殖过程和产品信息，开展网上团购活动，消费者通过分享团购链接邀请亲朋好友参与团购，达到一定人数即可享受优惠价格，通过这种方式实现产品的快速传播和销售。此外，还借助自身影响力和粉丝基础，与社交平台上的网红、博主合作，进行产品推广活动，扩大特色农产品的知名度和销路。

强化物流配送与服务保障：电商平台与营销渠道的融合拓展，与高效的物流配送、完善的服务保障是分不开的，要建立覆盖城乡、提高物流配送效率的物流配送网络，必须加强与专业物流企业的合作。针对特色农产品易腐易坏的特点，优化冷链物流配送体系，确保农产品在运输过程中的品质和新鲜度，同时建立完善的售后服务体系，及时处理消费者的投诉和建议，提高消费者的满意度和忠诚度。如在电商平台上设立专门的客服团队，对消费者提出的退换货要求，24 小时在线解答，及时响应，及时处理，为消费者提供高品质的购物服务。

8.2.2 区域公用品牌打造与提升策略

在城乡融合发展进程中，区域公用品牌对于特色农业产业集群的市场拓展和品牌建设具有关键作用，打造与提升区域公用品牌可从以下几个方面着手。

挖掘区域特色，明确品牌定位：深入挖掘特色农业产业集群所处区域得天独厚的自然环境、悠久的历史文化和传统的种养技艺。例如，某山区凭借独特的气候和土壤条件，孕育出风味独特的蜂蜜，当地在打造区域公用品牌时，就突出“高山生态蜜”这一特色，将品牌定位为高品质、纯天然的生态蜂蜜品牌，精准契合追求健康、绿色食品的消费群体需求。通过市场调研，确定品牌的核心价值和独特卖点，结合区域特色优势，分析目标消费者的喜好和需求，使品牌在市场中脱颖而出，成为市场中的佼佼者。

统一品牌标准，保障产品质量：制定涵盖农产品从种植、养殖、采摘、加工到包装、储存、运输等各个环节的严格统一的产品质量标准和生产规范。以某区域公用品牌特色水果为例，对水果的甜度、色泽、大小、种植过程中农药使用种类、用量等具体指标进行了规定，确保水果品质稳定一致。建立质量检测体系，严格检测特色农产品进入市场。区域公用品牌标识只有符合品牌标准的产品才能使用，维护品牌信誉，赢得消费者信赖。

加强品牌传播，扩大品牌影响力：整合线上线下多渠道传播区域公用品牌，全方位提高区域公用品牌知名度。线上借助社交媒体平台、电商平台、农业行业网站等进行品牌宣传，发布品牌故事、产品介绍、种植养殖过程展示等内容，吸引消费者关注，如通过抖音短视频展示特色农产品种植环境、丰收场景等内容，吸引消费者观看、购买。线下参加各类农产品展销会、农业博览会、美食节等，设置特色展位，展示销售特色农产品，与消费者面对面交流，提高品牌影响力，积极与媒体合作，争取新闻报道、专题推荐等。

完善品牌管理，促进区域公用品牌的可持续发展，成立区域公用品牌管理机构，负责品牌规划、品牌运营、品牌维护、品牌监督。制定品牌使用管理办法，规定品牌授权条件、品牌授权使用范围、品牌授权的权利义务等内容。加强品牌保护，打击假冒伪劣产品，维护品牌合法权益。定期对品牌进行评估和优化，根据市场反馈和消费者需求变化，及时调整品牌策略和产品服务，让品牌始终保持竞争力，实现区域公用品牌的可持续发展。

8.3　依托城乡资源整合完善特色农业产业链发展策略

8.3.1　上下游产业协同发展模式

在城乡融合的大背景下，整合城乡资源，构建特色农业产业链上下游产业协同发展模式，是提升特色农业产业集群竞争力的关键。

建立紧密合作机制：鼓励下游企业通过订单农业、入股合作等形式，建立长期稳定的城乡特色农业产业链合作关系，签订合作协议，明确双方权利义务，做到风险共担，利益共享。如城市农产品加工企业，为保证农产品的稳定供应和加工企业的原料需求，与农村种植户或养殖合作社签订长期订单。同时，加工企业可通过资金、技术入股、提供优质原料等方式，从源头上保证农产品质量，为加工环节提供优质原料，参与农村生产基地建设，提升农业生产标准化、规模化水平。

搭建信息共享平台：利用互联网技术，搭建覆盖城乡的特色农业产业链信息共享平台，平台实时发布市场需求、价格波动、生产进度、技术创新等信息，让上下游企业及时掌握产业链动态。比如，当某一特色农产品的加工品市场需求量激增时，平台及时向需要相应调整种植或养殖计划、提高产量的上游生产者传递这一信息；同时，下游加工企业也可以根据原料供应、库存管理等情况，对其生产进度进行合理安排，并根据产品的供应情况，及时向上游生产者传递这一信息。通过信息共享，避免生产与市场脱节，提升产业链整体运营效率。

开展联合创新活动：整合城乡科研单位、高校、企业创新资源，针对农产品保鲜技术、精深加工技术、智能农业生产技术等特色农业产业链上的关键技术难题，开展产学研联合创新，组织开展产学研联合攻关，实现产学研协同发展。如城区高校科研团队与农村农业企业合作，通过延长特色农产品的货架期、减少物流环节损耗等方式，共同研发农产品保鲜新技术。同时，鼓励上下游企业在产品研发、生产工艺改进、市场营销等方面进行合作创新，提升全产业链附加值。如下游销售企业与上游生产企业合作，根据市场需求反馈，开发出满足消费者个性化需求的特色包装和功能农产品。

加强人才交流与培养：促进城乡特色农业人才交流培养，为上下游产业协同发展提供智力支持，市技术专家和经营管理人才定期到农村开展技术指导和培训，帮助农村生产者提升技术水平和经营管理能力。农村的生产者也可以到城市的企业和科研机构学习先进的生产技术和管理经验，此外还可以通过定向培养、联合办学等方式，培养既懂农业生产又懂加工销售的复合型人才。如针对农村地区培养储备专门人才，为上下游产业协同发展注入新活力的特色农业产业链相关专业课程，由高校与农村职业学校合作开设。

8.3.2 产业集群与三产融合发展路径

在城乡融合的大背景下，推动特色农业产业集群与三产融合发展，是实现农业增效、农民增收和农村繁荣的重要途径。

创新产业融合模式：鼓励特色农业产业集群探索多元化的三产融合模式。一方面，发展“农业+加工+旅游”模式，依托特色农产品种植、养殖基地，建设农产品加工园区，开发农产品加工体验、农业观光、农事体验等旅游项目。如在某特色葡萄产业集群，建设葡萄酒庄，游客不仅可以参观葡萄种植园，了解葡萄种植过程，还可以参与葡萄酒酿造体验，品尝新鲜酿造的葡萄酒，购买特色葡萄酒产品，实现一二三产业有机融合，可谓一举多得。另一方面，发展“农业+电商+服务”模式，在提供农产品溯源、农业技术咨询、农产品定制等服务的同时，利用电子商务平台，通过线上线下相结合的方式，在特色农产品的产品销售渠道上进行拓展，提升附加值，提升市场竞争力。

打造产业融合发展载体：加强特色农业产业园区、田园综合体等产业融合发展载体建设，在特色农业产业园区集中布局农产品生产、加工、销售、研发等企业，实现产业集聚发展，提升产业协同效益。如某蔬菜产业园区，从种子研发、蔬菜种植、加工包装到冷链物流配送，引进蔬菜种植企业、蔬菜加工企业、农业科技研发机构、物流配送企业，形成了一个完整的产业链。而田园综合体则立足于乡村田园景观、农业生产活动、特色农产品，将农业生产、农产品加工、旅游休闲、文化体验等功能相融合，打造出一个集循环农业、创意农业、农事体验等多功能于一体的田园生态综合体，是一个以农业为主导的农业综合体。如某田园综合体，建设了生态农庄、乡村民宿、亲子采摘园、农耕文化馆等项目，吸引了大量城市游客前来休闲度假，推动了当地特色农业产业与旅游、文化等产业融合发展。

完善利益联结机制：建立健全产业集群内各经营主体利益联结机制，确保三产融合发展农民充分受益。引导农民以土地、劳动力、资金等要素入股，通过“企业+合作社+农户”“企业+家庭农场+农户”的模式，参与特色农业产业集群发展，分享产业增值收益。如某特色果品产业集群，企业与合作社合作，合作社以土地入股的方式组织农户参与果品种植采摘。企业负责水果的加工和销售，按股份比例将一部分利润分给农户，同时为农户提供就业机会，使农户在获得土地租金和分红收益的同时，还可以通过打工增加收入。此外，政府还可以通过出台财政补贴、税收优惠等政策鼓励企业与农户建立紧密的利益联结关系，促进产业集群与三产融合的可持续发展。

强化人才支撑和科技引领：加强三产融合发展所需的人才培养和引进。一方面，培养一批懂农业、爱农村、爱农民的“三农”人才队伍，通过开展职业技能培训、创业培训等，提升农民的综合素质和就业创业能力。如举办农产品加工技术培训班、乡村旅游服务培训班等，让农民在参与三产融合发展过程中掌握相关技能。另一方面，引进一批农业科技、旅游经营、市场营销等方面的专门人才，为三产融合发展特色农业产业集群提供智力支撑。同时，加大科技投入，推广应用先进农技、信息技术、生物技术等，增强特色农业产业的科技含量和创新能力。比如，以大数据分析技术精准把握市场需求，促进特色农业产业集群与三产融合的优质发展，利用物联网技术实现农产品生产过程的智能化监控。

9 政策支持与制度保障体系构建

9.1 现有政策梳理与评估

9.1.1 农业产业扶持政策

（1）政策梳理

目前，我国对农业产业的扶持政策覆盖多个维度，种粮补贴、农机购置补贴等专项补贴都已设立财政专项补贴。种粮补贴直接发放给从事粮食种植的农民，旨在提高农民种粮积极性，稳定粮食产量；农机购置补贴则帮助农民降低购置农机具的成本，提高农业生产的机械化水平，如购买新型联合收割机的农民，可根据机具种类、功率大小，按比例获得相应的补贴。

税收优惠政策也是重要一环，对从事农产品初加工的企业，减免企业所得税，减轻企业经营负担，促进农产品加工业发展。例如，某农产品初加工企业，因享受税收优惠政策，每年可节省数十万元的税费支出，这些资金得以投入设备更新和技术研发。

在金融支持上，政府引导金融机构推出农业信贷产品，如针对特色农业产业集群的“特色农产品贷”，为农业企业和农户提供生产经营所需资金。有的地区还通过入股、债权等方式，设立农业产业发展基金，对农业产业规模化、现代化发展给予支持。

（2）政策评估

从实施效果看，这些政策对农业产业发展起到了一定的促进作用，财政补贴提高了农民生产积极性，稳定了农产品供给；税收优惠、财政扶持等对农业企业扩大生产规模、提升技术水平等方面都有帮助。不过，政策在覆盖和精准度上仍有提升空间。一些偏远地区的特色农业产业集群，因信息不对称，未能充分享受政策红利；一些政策制定时，没有充分考虑不同地区、不同规模农业经营主体的差异，导致政策执行效果参差不齐。如部分山区由于交通不便、信息传播不畅，部分农户对农机购置补贴政策不够了解，不能及时申请补贴，影响农机化推广进程。在资金扶持上，一些小规模农业企业由于缺乏抵押物，难以足额获得信用资金，制约了企业的发展壮大，因此，需要对现有农业产业扶持政策进一步优化，提高政策的精准度和覆盖面，从而更好地促进特色农业产业集群发展。

9.1.2 城乡融合发展政策

（1）政策梳理

城乡融合发展政策方面，一些政策打破城乡二元结构，破除城乡要素自由流动、资源均衡配置的障碍，鼓励城乡产业协同发展，例如，通过产业引导基金，鼓励城市产业向农村延伸，引导城市农产品加工企业在农村建立生产基地，带动农村特色农产品种植、养殖产业发展，形成从田间到车间的全产业链，促进农村电商产业发展，借助互联网平台，实现农村特色农产品直接进入城市消费市场，实现城乡产业互补共赢。

在基础设施建设方面，加大对农村交通、水利、通信等基础设施建设的投入，修建农村公路，改善农村交通条件，便于农产品运输，促进乡村旅游；加强农村水利设施建设，保障农业灌溉用水，提高农业生产稳定性；推进农村通信网络覆盖，为农村电商、智慧农业发展提供基础支撑，如某偏远农村在政府支持下，完成5G覆盖，农民可以通过直播平台销售特色农产品，拓宽了销售渠道。

此外，公共服务均等化也是重点内容。推动城市优质教育、医疗资源下沉农村，通过教师、医生交流轮岗、远程教学、远程医疗等方式提高农村公共服务水平。例如，城市三甲医院和农村卫生院建立对口帮扶关系，定期派专家到农村坐诊、培训；城市优质学校和农村学校建立结对帮扶关系，共享优质资源、加强师资力量，提高农村教育质量。

（2）政策评估

从实施效果看，城乡一体化发展政策成效显著，产业协同发展促进农村产业升级，农民增收；基础设施建设改善农村生产生活条件，缩小城乡差距；公共服务均等化，提升农村居民生活质量。但政策在实施过程中仍存在一些问题。部分产业协同项目因缺乏长效机制，后续发展动力不足，出现城市企业与农村合作“虎头蛇尾”的情况。在基础设施建设方面，虽然农村基础设施有了很大改善，但在一些偏远地区，基础设施维护管理还存在困难，影响设施长期有效使用。公共服务均等化推进过程中，人才流动双向机制还未健全，存在城市人才下乡积极性不足、农村优秀人才流失等问题。因此，需要进一步完善城乡一体化发展政策，加强政策的落实力度和长效机制建设，推动城乡一体化发展上水平。

9.1.3　政策协同与存在的问题

（1）政策协同分析

工业、基础设施建设与公共服务政策之间存在一定的协同效应，工业发展依赖于基础设施的改善，而农村交通、通信等基础设施的改善得益于公共服务政策，这不仅降低了农产品运输成本和信息沟通成本，还为工业协同发展提供了保障。例如，便捷的交通使农产品快速运往城市加工企业和消费市场，5G 网络助力农村电商直播带货，促进产业发展。而产业发展又为基础设施建设和公共服务提升提供经济支撑，特色农业产业集群发展带来的税收增加，可以投入到农村基础设施维护和公共服务优化中。同时，公共服务均等化吸引人才向农村流动，以高素质人才为支撑，为农村产业创新升级提供产业发展的人力保障。

（2）存在的问题

政策协同虽然取得一些成效，但问题依然很多，在政策协同的顶层设计上，缺乏统一的规划和协调机制，不同部门制定的政策在目标、执行步骤、资源分配等方面存在冲突。如农业农村部门推动特色农业产业发展，而交通部门对农村道路规划与产业布局结合不够紧密，导致一些特色农产品产地道路建设滞后，影响了交通运输效率。

政策实施过程中，协作配合、落实不到位，由于涉及部门多、层级多，信息沟通不畅，职责划分不清，工作不能很好地完成。在落实农村电商发展政策中，电商平台建设由商务部门负责，农产品供应由农业部门负责，两者缺乏有效沟通，导致农产品与电商平台对接困难、产品供应不及时等问题。

政策动态调整机制不健全。随着城乡一体化发展的推进，经济社会环境不断变化，但政策未能根据新情况及时调整。如农村人口结构变化，老龄化加剧，在人员配置、服务内容等方面原有的公共服务政策未能及时适应，导致农村公共服务不能满足实际需要。

9.2 促进特色农业产业集群与城乡融合发展的政策创新方向

9.2.1 制定针对性的产业集群发展政策

精准定位产业集群发展方向：深入各地调研特色农业产业集聚区的资源禀赋、产业基础和市场需求，明确各产业集聚区的核心定位和发展方向，结合城乡一体化发展战略。比如，对于地理标志农产品独具特色的地区，政策要重点支持以地理标志产品为核心的产业集群建设，突出产品的地域特色和质量优势，加大品牌保护和提升力度，增强市场竞争力。对靠近城区的特色农业产业集群，可结合城区居民休闲消费需求，发展都市休闲农业产业集群，配套建设农业观光园、采摘园、农家乐等项目，推动农业与旅游、服务业融合发展。

完善产业链扶持政策：围绕特色农业产业集群产业链，制定全方位扶持政策，在生产环节，通过推广先进农业生产技术设备，改善农田灌溉、排水、电力等条件，加大农业基础设施建设投入，促进农业增效提质。如对采用智能温室大棚种植技术的特色蔬菜产业集群，在设备购置上给予补贴，在技术培训上给予扶持。在加工环节，鼓励企业引进先进农产品加工设备和技术，提高农产品附加值，对新建或改造升级的农产品加工企业给予税收优惠、贷款贴息等政策扶持。在销售环节，搭建多元化销售平台，支持电商平台与特色农业产业集群对接，拓宽销售渠道，同时加强冷链物流体系建设，保障农产品生鲜运输和销售。

强化产业集群品牌培育政策：将特色农业产业集群品牌建设纳入政策扶持重点，设立品牌培育专项资金，支持产业集群开展品牌策划、设计、宣传等工作，鼓励产业集群内企业联合打造区域公用品牌，统一品牌标准和形象，提升品牌知名度和美誉度。如在各类农产品展销会、农博会上，对成功创建国家级、省级知名品牌、提供优先展示机会、加强品牌宣传推广的特色农业产业集群，给予一定的资金奖励。同时，加大品牌保护力度，严厉打击假冒伪劣产品，维护品牌信誉，维护市场秩序。

促进产业集群创新政策：建立健全特色农业产业集群创新激励机制，鼓励企业与科研机构、高校开展产学研合作，共同攻克产业发展中的关键技术难题，设立产业创新基金，对开展科技创新、产品创新、管理创新的企业给予资金扶持和税收优惠。比如，对研发出新的特色农产品品种或创新农产品加工工艺的企业，给予研发费用补助，并对其创新成果给予奖励。支持产业集群内建设创新创业孵化平台，为农业科技企业和创业团队提供场地、资金、技术、人才等方面的服务，培育创新型农业企业和人才，促进特色农业产业集群创新发展。

9.2.2 完善城乡要素流动政策体系

（1）优化劳动力要素流动政策

建立人才双向流动激励机制：对下乡到农村的城市人才，投身特色农业产业集群建设，在职称评定、住房保障、子女教育等方面给予政策倾斜。例如，城市农业技术专家到农村服务一定年限，在职称评定时同等条件下优先晋升；为下乡人才提供人才公寓或住房补贴，协调解决其子女在当地入学问题。同时，对于进城培训学习并在增强技能后返乡创业带动特色农业产业发展的农村人才，政府给予学费补助和生活补助。

加强农村劳动力职业技能培训：整合城乡职业教育资源，根据特色农业产业集群发展需求，开设有针对性的职业技能培训课程，如针对特色农产品电子商务销售，开展电子商务操作、直播带货等培训，针对农产品加工，开展食品加工工艺、包装设计等培训。政府提供培训补贴，鼓励农村劳动力积极参加培训，增强就业能力，促进农村劳动力在特色农业产业集群中实现充分就业，实现高质量就业。

（2）深化土地要素流动政策改革

完善农村土地流转政策：健全农村土地流转服务平台，规范土地流转程序，加强对土地流转合同的管理，为土地流转双方提供信息发布、政策咨询、价格评估、纠纷调解等服务，降低土地流转成本和风险，探索土地流转收益保障机制，确保农民土地流转中的合法权益，如通过土地流转保险等方式保障农民在土地流转期间的租金收益稳定。

探索农村集体经营性建设用地入市政策。在符合规划和用途管制的前提下，允许农村集体经营性建设用地出让、租赁、入股，实行与国有土地同等入市、同权同价。鼓励利用农村集体经营性建设用地建设特色农产品加工车间、仓储物流设施、乡村旅游服务设施等，为特色农业产业集群发展提供用地保障。

（3）健全资本要素流动政策

加大金融支持力度：引导金融机构开发适合特色农业产业集群发展的金融产品和服务。设立专项贷款，用于特色农业产业发展，给予贷款利率较低、贷款期限较长的贷款额度；推出农产品供应链金融产品，为产业链下游企业提供融资支持，产品以农产品订单、库存等为质押。同时，政府通过设立风险补偿基金、贷款贴息等方式，提高金融机构支持特色农业产业集群发展的积极性，降低金融机构信贷风险。

吸引社会资本投入：制定吸引社会资本参与特色农业产业集群建设的优惠政策，在税收减免、资金补助、用地保障等方面，对企业投资特色农业产业项目给予政策扶持，对符合条件的优先安排项目建设。鼓励社会资本参与农村基础设施建设、农产品加工园区建设、农业科技创新等领域，拓宽特色农业产业集群发展资金来源渠道。

（4）促进技术和信息要素流动政策

建立城乡技术共享平台：整合城乡科研单位、高校、企业技术资源，建立城乡技术共享平台，平台定期发布农业新技术、新工艺、新产品信息，组织开展技术对接活动，推动全市先进技术向特色农业产业集群转移转化，促进农业产业集群集聚发展。如组织市农业科研团队与农村特色农业企业开展技术合作，共同攻克特色农产品保鲜、深加工等技术难题。

加强农村信息基础设施建设：加大农村信息基础设施建设投入，提高农村网络覆盖率和质量，推动农村5G网络、物联网、大数据等信息技术应用，为特色农业产业集群发展提供信息支撑。比如，利用大数据分析市场需求，指导特色农业生产和销售；通过物联网实现智能监控管理农产品生产过程，提升农业生产效率和品质。

9.2.3 加强政策的区域协调与差异化实施

基于区域资源禀赋制定特色政策：我国地域广阔，自然资源、气候条件、农业基础等不同地区差异显著，在制定特色农业产业集群与城乡一体化发展政策时，需要充分考虑这些差异。比如，在东北平原地区，以广袤的耕地和肥沃的土壤为依托，重点扶持粮食种植产业集群，制定政策鼓励应用大型种植设备和现代化农机，建设大型粮食仓储加工基地，推动粮食产业与城乡物流、食品加工等产业融合发展。在云南等气候温暖湿润、花卉资源丰富的地区，出台专门政策扶持花卉产业集群发展，包括建设花卉交易市场、花卉研发中心，对花卉种植户、企业给予税收优惠，促进花卉产业与乡村旅游、文化创意产业融合发展，打造花卉特色小镇，吸引游客、消费者，实现城乡互动发展等。

结合区域经济发展水平实施政策：产业基础、市场需求、资金投入能力等方面，经济发达地区与欠发达地区差距较大。对东部沿海经济发达地区，特色农业产业集群已有一定规模和基础，政策重点应放在产业升级和创新发展上，鼓励企业加大科技研发投入，发展高端特色农产品加工和电子商务销售，提升产业附加值和市场竞争力。比如，在中西部经济欠发达地区，政策重点在基础建设和产业培育方面，设立支持企业开展农产品精深加工技术研发、打造农产品品牌、拓展国内外市场的产业创新引导基金。加大对农村交通、通信、水利等方面的基础设施建设投入，降低特色农业产业发展成本，促进农业产业加快发展。同时，通过财政补贴、税费减免等政策，吸引企业到特色农业产业投资兴业，培育当地农业企业和农民合作社，带动农民增收致富，逐步缩小城乡差距。

建立区域政策协调机制：不同区域特色农业产业集群发展存在一定的影响和关联，为避免政策冲突，避免资源浪费，需要建立区域政策协调机制，建立跨区域特色农业产业发展协调小组，由相关地区政府、农业专家和企业代表组成，定期召开会议，共同制定区域特色农业产业发展规划、共同推进市场开拓、资源共享等事宜。农产品市场流通方面，协调不同区域农产品销售政策，避免恶性竞争，实现区域间农产品的自由流通，优势互补；产业布局方面，根据不同区域资源优势和产业基础，合理规划特色农业产业集群，避免重复建设，促进区域协同发展。

动态调整差异化政策：随着经济社会发展和市场环境变化，各地特色农业产业集群与城乡一体化发展的状况也将发生变化，因此政策要动态调整，定期对各地政策实施效果进行评估，根据评估结果适时调整政策内容和执行办法。例如，当某一地区特色农业产业集群发展到一定阶段，原有的扶持政策已不能满足产业进一步发展需求时，及时调整政策重点，从注重规模扩张转向注重质量提升和品牌建设，加大对品牌培育、科技创新等方面的支持力度，确保政策始终与区域特色农业产业集群和城乡一体化发展的实际需求相适应。

9.3 制度保障体系的完善措施

9.3.1 土地制度改革与创新

明晰土地产权：进一步做好农村土地承包权、经营权确权工作，健全土地产权登记制度，为全面清查农村集体土地确权登记工作奠定基础，做到土地流转情况清晰，经营规模合理，确保每一块土地都有明确的产权主体，不发生物权纠纷。如对农民土地承包权范围、期限等进行明确界定，通过发放不动产权证书等方式，确保农民土地权益，使农民在流转土地时能够放心。同时，建立土地产权信息管理平台，实现土地产权信息实时查询和动态更新，提高土地产权管理的透明度和效率。

优化土地流转机制：建立健全规范的土地流转市场，完善土地流转服务体系，一方面，加强土地流转中介服务机构建设，培育专业的土地流转经纪人，为土地流转双方提供信息发布、价格评估、合同签订等全方位服务，降低土地流转成本和风险。另一方面，完善土地流转合同管理，制定统一的土地流转合同范本，明确土地流转双方的权利义务，规范土地流转行为，同时建立土地流转纠纷调解仲裁机制，及时化解土地流转过程中出现的矛盾纠纷，维护土地流转市场秩序。

推进集体经营性建设用地入市：农村集体经营性建设用地在符合规划和用途管制的前提下有序推进入市，对入市范围、入市方式、收益分配机制等进行明确，赋予其与国有土地同等的权能。比如，农村集体经营性建设用地，可以通过出让、租赁、入股等方式入市，用于特色农产品加工园区、农村电商服务中心、乡村旅游设施等建设，为特色农业产业集聚发展提供土地要素支撑。在收益分配上，合理确定国家、集体和农民的分配比例，保障农民合法权益，将大部分收益用于农村基础设施建设、公共服务提升和农民社会保障，促进城乡融合发展。

探索土地利用新模式：鼓励各地根据实际探索适合特色农业产业集群发展的新型用地模式。例如，推行“土地托管”模式，农户将土地委托给专业的农业服务组织进行统一耕种、管理和收获，农户按约定获得收益，既解决了农村劳动力不足的问题，又实现了土地的规模化、集约化经营。开展“土地银行”试点，农户将闲置土地存入“土地银行”，由“土地银行”统一整合、规划和流转，提高土地资源配置效率，为特色农业产业发展提供稳定的土地供应。

9.3.2 金融制度优化与创新

创新金融产品与服务：金融机构应结合特色农业产业集群的特点，开发多样化的金融产品。例如，推出“特色农产品订单贷”，农业企业或农户凭借与收购方签订的农产品订单，可向银行申请贷款，解决生产资金短缺问题。针对特色农业产业前期投入大、回报周期长的特点，设计了长期低息贷款产品，降低融资成本，同时在传统的自然灾害保险之外，提供农业保险创新服务，开发价格指数保险、收益保险等新型险种。如针对特色果业，推出果价指数保险，在市场价格低于约定价格的情况下，由保险公司给予相应的赔付，从而保证果农稳定的收益。

拓宽融资渠道：鼓励特色农业产业集群内企业通过多元化方式融资，一方面，对符合条件的企业支持上市融资，政府相关部门给予政策引导和上市辅导，帮助企业完善财务制度，规范公司治理，提高上市成功率。比如，设立上市培育专项资金，对培育上市过程中产生的中介机构费用给予一定的补助。另一方面，在特色农业领域，通过发展农业产业投资基金、创业投资等方式，吸引社会资本进入。引导金融机构开展供应链金融服务，以核心企业为依托，为上下游中小企业提供融资支持，盘活产业链和资金流。例如，以大型农产品加工企业为核心，依据其与供应商、经销商的交易数据为上下游企业提供应收账款融资、存货质押融资等服务。

完善农村金融基础设施：加强对农村地区特别是特色农业产业集群发展集中地区的金融服务网点建设，增设银行分支机构、农村信用社网点等，提高金融服务覆盖面。推广移动支付、网上银行等金融科技应用，方便农民和农业企业办理金融业务，如开展金融科技下乡活动，组织专业人员为农民和农业从业人员培训移动支付、网上申贷等操作技能，提升农村金融服务效能。同时，建立健全农村信用体系，完善农户和农业企业信用评价机制，通过信用评级为金融机构提供贷款决策依据，降低信用风险，促进金融机构更积极主动地为特色农业产业集群提供金融支持。

加强金融监管与风险防控：为防止监管空白和交叉，监管部门明确各监管部门职责，构建适应特色农业产业集群发展的金融监管体系，为确保金融产品合规、风险可控，监管部门加强对金融机构开展特色农业金融业务的监督检查。建立风险预警机制，对特色农业产业的市场风险、自然风险、信用风险等，运用大数据、人工智能等技术实时监控分析，实现有保有压。如通过对农产品市场价格波动数据、气象灾害信息和农户、企业信用数据的分析，做到风险提前预测，及时采取风险防范措施。同时，完善金融风险补偿机制，政府设立风险补偿基金，对金融机构因支持特色农业产业集群发展而发生贷款损失的，按一定比例给予补偿，降低金融机构风险，提高金融机构服务特色农业产业的积极性。

9.3.3　人才管理制度改革

完善人才吸引机制：制定吸引人才的政策，打破城乡人才流动壁垒，对有志投身特色农业产业集群发展的市籍人才，给予优厚待遇保障。根据人才层次和需求，发放住房补贴或提供人才公寓，如每月发放 2000~5000 元不等的补贴，设立人才专项奖励基金，对在特色农业产业发展中有突出贡献的人才奖励 5 万~20 万元。同时，为人才解决后顾之忧，如为子女提供优质教育资源，协调安排入学；在医疗方面，为吸引各类专业人才投身特色农业产业，提供高端医疗服务保障。

强化人才培养体系：整合城乡教育资源，建设多层次人才培养体系。在高等教育层次，鼓励高校根据产业需求设置特色农产品加工、农业物联网、乡村旅游管理等与特色农业产业集群相关的专业，增加实践教学环节，培养理论与实践相结合的专业人才。在职业教育方面，大力发展农村职业学校，与企业合作开展订单式培养，学生毕业后直接进入企业工作，如与特色农产品电商企业合作，培养电商运营、直播带货等专业人才。并针对农村现有劳动力，采取邀请农业专家、技术人才现场指导、网上授课等方式，定期开展技能培训，促进农民专业技能和综合素质的提高。

创新人才评价机制：改变过去单纯以学历、论文等衡量人才的标准，构建符合特色农业产业特点的多元化人才评价标准。改变以学历、论文等为指标，对人才进行评价的方式，侧重对工作能力、技术创新成果、产业发展贡献的评价。如对农业技术人才的评价，侧重对其在特色农产品种植、养殖技术推广成效，解决实际生产问题成效的评价；对经营管理人才的评价，侧重对其产业规模扩大、市场拓展、经济效益提升成效的评价。引入第三方评价机构，保证评价结果的客观公正，为人才的晋升、奖励等提供科学依据。

健全人才激励机制：建立完善的人才激励机制，充分调动人才的积极性和创造性，在薪酬待遇上，按人才的贡献和业绩，对关键岗位和核心人才，采用年薪制和股权激励等办法，给出有竞争力的薪酬，提高他们的收入水平。在职业发展方面，为人才提供广阔的晋升空间和发展平台，设置多渠道的晋升路径，如管理、技术等。比如，农业技术人才可以从初级技术员晋升为高级专家，参与企业重大技术决策；管理人才可以从基层管理者逐步晋升为企业高层，从基层一线向高层一线转变。此外，对表现优秀的人才给予荣誉表彰，如授予“特色农业产业杰出人才”称号，增强人才的归属感和荣誉感。

9.3.4 考核评价制度建立

明确考核主体与对象：考核主体包括政府、行业协会和第三方评估机构。政府从政策落实和产业发展规划的执行等宏观层面进行考核；行业协会从行业规范和产业协同等角度进行评价；第三方评估机构从专业的评估方法和工具方面进行考核，保证考核的客观性和科学性。考核对象包括参与特色农业产业集群建设、推进城乡融合发展的各类主体，如政府部门、农业企业、农民合作社、科研院所等，考核推动产业发展、促进城乡要素流动的工作成效。

构建考核指标体系：从产业发展、城乡融合、创新能力和可持续发展等维度构建考核指标体系。产业发展方面，设置特色农产品产量与质量提升率、产业集群规模扩张速度、产业链完善程度等指标，衡量特色农业产业集群的发展规模与效益；城乡融合维度，考核城乡居民收入差距缩小程度、农村基础设施与公共服务改善情况、城乡要素流动活跃度等，评估城乡融合发展水平；创新能力上，关注农业科技创新成果转化数量、新技术应用覆盖率、企业研发投入占比等指标，体现创新对产业发展的驱动作用；可持续发展层面，考核资源利用效率、生态环境保护成效、特色农业产业的市场竞争力与抗风险能力等，确保产业发展的长期稳定性。

规范考核流程：制定科学合理的考核流程，确保考核工作有序进行，首先明确考核周期，可根据不同考核指标的特点，分别设置年度考核、中期考核（3~5 年）、长期考核（5～10 年）。考核前，提前发布考核通知，明确考核要求和标准，考核过程中，考核主体通过实地调研、数据采集、问卷调查、专家评审等多种方式获取考核信息，确保数据真实可靠。如：实地考察特色农业产业园区建设情况，收集企业财务报表和生产数据，向农户和企业发放调查问卷，了解政策实施效果，考核结束后及时形成考核报告，对考核结果和存在的问题进行详细阐述。

强化考核结果运用：考核结果与政策扶持挂钩，与资金发放挂钩，与荣誉表彰挂钩。对考核结果优秀的地区和主体，在产业发展项目上优先安排并加大财政补助和税收优惠力度，对表现突出、树立行业标杆、激发各方积极性的单位和个人，给予公开表彰奖励。对考核结果不理想的，要求限期整改，对存在的问题进行分析，制定改进措施，对连续多次考核不达标的，要削减相关政策扶持，甚至追究相关责任，以促进特色农业产业集群与城乡一体化发展政策的有效落实和工作目标的达成。

10 结论与展望

10.1 研究结论

10.1.1 特色农业产业集群与城乡融合发展的关系

特色农业产业集群与城乡融合发展存在着紧密且相互促进的关系。

从要素流动看，发展特色农业产业集群，可以吸引城市的资金、技术、人才等要素向农村流动，城市的先进技术和资金投入到特色农业生产、加工、销售环节，促进了农业产业现代化水平的提升。如特色蔬菜种植中应用智能灌溉技术，提高了水资源利用效率，提升了蔬菜产量和品质，同时，城市人才的流入，为特色农业产业带来了创新的理念和管理经验，推动了产业创新发展。而城乡一体化发展政策的推动，使特色农业产业集群在获取所需要素、实现快速发展的同时，要素流动的环境进一步优化，要素流动的成本显著降低。

在产业协同上，特色农业产业集群是统筹城乡产业发展的重要载体，通过发展农产品加工、乡村旅游等产业，延伸农业产业链，提高农业附加值，实现农业与二三产业的融合，使特色农业产业集群在城乡间得到新的发展。如水果采摘、果品加工、水果主题旅游等立足特色水果发展的产业，为特色农业产业集群提供了更为广阔的市场和发展空间，形成了一条完整的产业链，带动了当地经济的发展。该市消费市场为特色农产品提供了稳定的销售渠道，该市工业和服务业为特色农业产业集群提供生产装备、物流运输、市场推广等方面的支持，推动了特色农业产业集群的壮大。

此外，发展特色农业产业集群有利于缩小城乡差距，促进城乡融合。特色农业产业集群发展带动了农村居民就业和收入增加，提高农村居民生活水平，缩小城乡居民收入差距；特色农业产业集群发展带动农村基础设施建设以及公共服务设施提升，改善农村的生产生活环境，有利于推进城乡融合发展。如某特色花卉产业集群发展后，当地政府加大农村道路、水电、通信等基础设施投入，建设农村污水处理设施，不断提升农村生态环境质量，使农村和城市差距不断缩小。

特色农业产业集群与城乡融合发展相辅相成，相互促进。只有推动两者协同发展，才能实现农业增效、农民增收、农村繁荣的目标，推动乡村振兴战略的实施。

10.1.2 发展现状与困境分析

中国特色农业产业集群在发展现状上已有所建树。产业规模逐步扩大，围绕这些特色农产品构建的产业集群，在当地经济中占有重要地位，各地根据自身独特的自然条件和资源优势，培育出了赣南脐橙、五常大米等一大批特色农产品。同时，产业集群的集聚效应开始显现，吸引了大批农业企业、合作社和相关配套服务机构集聚，从种植养殖、加工生产到销售服务产业体系初步形成。一些地区还探索了产业融合，积极发展农产品加工业，拓展乡村旅游、休闲农业等新业态，推动农业初步与二三产业融合，在农业产业中形成了新的产业融合模式。

然而，特色农业产业集群发展仍面临诸多困境，三产融合程度低，大部分产业集群仅停留在农产品初加工阶段，未能充分挖掘农业的多功能性，缺乏产业间的深度融合，难以形成产业链条完整、产业协同效应高效的产业体系。产业集群内部协同创新能力不足，创新主体之间缺乏有效的沟通协作平台，创新资源分散，企业创新意愿不高，导致产业集群在技术创新、产品创新等方面进展缓慢，难以适应市场需求的快速变化。加之市场拓展面临挑战，品牌建设相对滞后，市场知名度、美誉度有待提高，特色农产品销售渠道较为单一，还存在市场把握不精准、营销手段不够有效等方面的问题，导致市场营销工作面临较大的挑战。同时，土地流转难、融资渠道窄、专业人才缺乏等因素制约，严重阻碍了特色农业产业集群进一步发展壮大的步伐。

10.1.3 优化策略与政策建议

优化策略的创新。通过人才培养与引进机制创新，吸引城市人才回流与流入；通过搭建校企合作平台培养专业人才，促进产业集群创新；通过构建科技成果转化平台，完善服务体系，加强示范推广，促进科技成果在特色农业产业集群中的转化应用。

拓展市场与品牌建设。融合电商平台与营销渠道，实现线上线下协同，打造全渠道营销体系，挖掘城乡市场不同需求，实现精准营销。打造区域公用品牌，明晰区域特色，明确品牌定位，统一品牌标准，保障产品质量，强化品牌传播，拓展品牌影响力。

完善特色农业产业链同等重要，要通过建立紧密合作机制、搭建信息共享平台、开展联合创新活动、加强人才交流培养等多种形式，促进上下游产业协同发展。推进产业集群与三产融合发展，创新产业融合模式，打造产业融合发展载体，完善利益联结机制，强化人才支撑和科技引领。

政策建议围绕政策创新和制度保障，在政策创新上，针对产业集群发展制定针对性政策，精准定位发展方向，完善产业链配套政策，强化品牌培育和创新政策。健全城乡要素流动政策体系，优化劳动力、土地、资金、技术、信息等要素流动政策，根据区域资源禀赋和经济发展水平，加强政策区域协调和差别化实施，建立区域政策协调机制，动态调整政策，制定有特色的政策。

在制度保障方面，将通过推进集体经营性建设用地入市、探索土地利用新模式等措施，推进土地制度改革创新，明晰土地产权，优化土地流转机制。优化金融体系、创新金融产品和服务、拓宽融资渠道、完善农村金融基础设施、强化金融监管和风险防控，改革人才管理体制，健全人才吸引、培养、评价、激励机制。为促进特色农业产业集群与城乡一体化的优质发展，建立科学的考核评价体系，明确考核主体和对象，构建考核指标体系，规范考核流程，强化考核结果运用。

10.2 研究的不足与展望

10.2.1 研究不足之处

研究方法的局限性：在本次研究中，主要采用了文献研究法、案例分析法和定性分析法。虽然这些方法能够深入剖析特色农业产业集群与城乡融合发展的关系、现状及策略，但缺乏定量分析方法的有效运用。例如，未能通过构建数学模型对特色农业产业集群的经济效益、产业集聚度等进行量化分析，无法精确衡量各优化策略对产业集群发展和城乡融合的影响程度，使得研究结果在精准度和说服力上存在一定欠缺。

数据获取的不全面性：研究过程中数据主要来源于公开的统计资料、政府报告以及部分企业调研。然而，由于特色农业产业集群涉及众多分散的农户和小型农业企业，数据收集难度较大，导致部分数据缺失或时效性不足。例如，在分析特色农业产业集群的市场份额和销售渠道时，难以获取全面准确的农户和小型企业的销售数据，影响了对市场拓展现状和问题分析的完整性和准确性。

研究范围的有限性：本研究主要聚焦于特色农业产业集群本身及其与城乡融合发展的关系，对于一些相关联的外部因素考虑不够全面。比如，较少涉及国际市场变化、宏观经济政策调整以及突发公共事件（如疫情、自然灾害等）对特色农业产业集群的影响。这些外部因素可能对特色农业产业集群的发展产生重大冲击，忽视它们会使研究成果在实际应用中的适应性和前瞻性受到限制。

策略实施可行性分析不足：在提出优化策略和政策建议时，虽然从理论层面进行了详细阐述，但对于这些策略和建议在实际实施过程中的可行性分析不够深入。例如，部分土地制度改革和金融制度创新建议，未充分考虑到地方政府的执行能力、农民的接受程度以及政策实施过程中的利益协调等问题，可能导致在实际推行过程中遇到阻碍，影响策略和政策的实施效果。

10.2.2 未来研究方向展望

研究方法多元化改进：在未来研究中，引入定量分析方法，如构建计量经济模型，深入分析特色农业产业集群的发展要素与城乡融合之间的量化关系。通过面板数据模型，研究不同地区特色农业产业集群规模、创新投入等因素对城乡居民收入差距缩小的影响程度；运用数据包络分析（DEA）方法，评估特色农业产业集群的生产效率和资源配置效率，以此更精准地衡量优化策略的实施效果，增强研究结论的科学性和说服力。同时，结合大数据分析技术，对海量的农业产业数据、市场数据进行挖掘和分析，为研究提供更丰富的数据支持。

数据收集与整合优化：建立更完善的数据收集体系，拓宽数据来源渠道，与农业农村部门、统计机构、电商平台等加强合作，获取更全面、更具时效性的数据。针对农户、小农企资料搜集难的问题，利用线上线下相结合的调研方式，借助移动互联网技术，开发了一款方便农户、小企业及时上传生产、销售等资料的便捷数据采集 App。并建立了特色农业产业集聚区数据库，整合管理各类数据，确保在市场拓展、产业发展等方面分析得更准确、更深入，为后续调研提供坚实的数据基础。

拓展研究范围与深度：将研究范围进一步拓展到国际市场和宏观经济环境。研究国际农产品市场竞争态势、贸易政策变化对我国特色农业产业集群的影响，分析如何提升特色农业产业集群的国际竞争力，拓展国际市场份额。同时，关注宏观经济政策调整，如货币政策、财政政策对特色农业产业集群发展的作用机制，以及在不同经济周期下特色农业产业集群的应对策略。此外，加强对突发公共事件影响的研究，建立应急管理机制模型，分析疫情、自然灾害等事件对特色农业产业集群供应链、生产经营的冲击，并提出相应的应对策略，提高研究成果的实用性和前瞻性。

深化策略实施可行性研究：在提出优化策略和政策建议后，将开展深入的可行性研究，通过实地调研、专家访谈、模拟推演等方式，充分考虑地方政府的实施能力、农民的接受程度以及政策实施过程中的利益协调等问题，在政策制定过程中，要结合当地实际，统筹考虑。如对土地制度改革的建议，要深入研究不同地区农村土地现状、农民土地流转意愿，结合地方政府土地管理政策，制定切实可行的实施方案；对金融制度创新的建议，要联合金融机构和农村基层组织开展试点调研，对政策在实际操作中的可行性和潜在风险进行评估，提出有针对性的改进措施，确保优化策略和政策建议能够顺利落地，促进特色农业产业集群与城乡一体化发展，促进农村土地流转的有序推进。

参考文献

［1］许敏兰，余铭轩．特色农业与农户多维相对贫困缓解——基于“致贫根源—减贫机理—治理逻辑”的分析框架［J］．湖南师范大学社会科学学报，2024，53（6）：70-85.

［2］赵辉．中国特色农业强国建设的价值意蕴与推进路径［J］．饲料研究，2024，47（1）：193-196.

［3］胥亚男，李二玲．基于行业知识基础的特色农业集群技术创新网络演化——鄢陵花木和烟台葡萄酒产业集群对比研究［J］．经济地理，2023，43（10）：139-147.

［4］罗永乐．特色农业产业集群形成与发展的动力机制分析［J］．理论导刊，2015，（3）：74-76+90.

［5］戴志强，万俊毅，徐静．中国特色农业发展水平的空间格局与动态演进［J］．农林经济管理学报，2025，24（1）：33-44.

［6］马艳，王灵芝，李诗瑶，李佳美．高原特色农业绿色发展时空演化及耦合协调研究——以云南省为例［J］．中国农业资源与区划，［2025-05-17］.

［7］朱思吉，孙俊，吴映梅，刘化，薛智轩．农业生态经济系统近远程耦合及可持续发展研究——以云南省高原特色农业为例［J］．中国农业资源与区划，2024，45（4）：222-234.

［8］俞燕，李艳军．我国传统特色农业集群区域品牌形成机理研究：理论构建与实证分析——以新疆吐鲁番葡萄集群为例［J］．财经论丛，2015，（4）：11-18.

［9］吴春，王美玲，张春淦，姜礼尧，邓晔，丁海荣，曹婷．农业特色产业绿色发展路径［J］．江苏农业科学，2024，52（13）：274-279.

［10］张永旺，赵敏娟．何种财政支农政策更有助于特色农业发展：普惠性还是功能性——以黄河流域为例［J］．农村经济，2024，（9）：82-92.

［11］蔡海龙．从“新土特产”看特色农业产业的发展方向［J］．人民论坛，

2024，(10)：97-101.

[12] 张辉．中国特色农业农村现代化的内涵特征与工程化路径［J］．农业工程学报，2024，40（10）：298-305.

[13] 王娟娟，郭凯雯．数字经济赋能中国式现代化——以城乡融合发展为中心［J/OL］．西北民族大学学报（哲学社会科学版），1-15［2025-03-14］.

[14] 金文成，王霞，何安华．推进城乡融合发展：经验、挑战及对策［J］．农业经济问题，2025，(2)：4-14.

[15] 周晔，景琛琛，梁宇健．县域城乡教育融合发展：概念与理论架构［J］．教育研究，2025，46（1）：30-42.

[16] 吴丰华，温慧．城乡融合发展的三重逻辑与体制机制的完善［J］．经济纵横，2025，(1)：33-45.

[17] 曾鹏，曾怒娇．中国城乡融合时序演变过程与空间分异机理［J］．人文地理，2025，40（1）：101-112+153.

[18] 于雪霞，周国华，吴国华，王华，刘慧，刘韵林，胡涛．中国中部农区城乡融合发展的时空特征及驱动机制［J］．地理研究，2025，44（2）：400-418.

[19] 孙虹．中国式现代化视角下城乡融合发展水平测度及障碍因素分析［J］．统计与决策，2025，(5)：115-120.

[20] 赵翠萍，许永生，张颖．数字经济对城乡融合发展的空间效应分析［J/OL］．农业现代化研究，1-13［2025-03-16］.

[21] 徐雪，王永瑜．“双轮协调”视角下城乡融合发展水平的时空演化特征及收敛性分析［J］．经济体制改革，2025，(1)：32-41.

[22] 高杨，杨洋，吴振磊．中国城乡融合和区域协调发展联动的时空分异与形成机理［J］．财经问题研究，2025，(1)：114-129.

[23] 孟维福，刘婧涵，杨天宜．数字经济赋能城乡融合的理论机制与实证检验［J］．经济问题，2024，(11)：30-39.

[24] 郝智娟，文琦，施琳娜，吴昕燕，丁金梅．丝绸之路经济带中国段城乡融合发展的时空演变特征与优化路径［J］．干旱区资源与环境，2025，39（2）：117-130.

[25] 刘汉辉．城乡融合发展的内涵特征、时空分异与收敛特征［J］．统计与决策，2025，41（2）：36-41.

[26] 黄静静．城乡融合水平的时空格局及其影响因素分析［J］．统计与决策，2025，41（1）：75-80.

[27] 杨婕，戈大专，孙攀，袁紫怡．基于“人口-土地-资本”要素流动的城乡融合发展机制——以江西省为例［J］．资源科学，2025，47（1）：110-124.

[28] 刘合光，齐心，陈珏颖．数字经济对城乡融合发展的影响及其作用机制——基于903个县域的实证研究［J］．中国流通经济，2025，39（2）：3-15.

[29] 张笑菡．数字经济赋能县域城乡高质量融合的实证检验［J］．统计与决策，2025，41（3）：30-35.

[30] 黄庆华，潘婷．新质生产力对城乡融合发展的影响及其内在机理［J］．重庆大学学报（社会科学版），2025，31（1）：1-16.

[31] 张亚丽，陈杨洋，项本武．长三角城市群城乡融合发展格局演变及其影响因素［J］．地理科学，2024，44（11）：1955-1965.

[32] 刘欣婷．县域特色农业产业集聚驱动城乡融合发展的机制和路径研究［D］．中南林业科技大学，2024.

[33] 曾龙．特色农业助力乡村振兴：价值、困境及路径［J］．村委主任，2025，（1）：208-210.

[34] 颜培霞．城乡融合视域下特色村经济转型的动力机制［J］．农业经济问题，2021，（5）：137-144.

[35] 陈博文，杨福霞．特色农业发展政策实施的县域经济增长效应——基于中国特色农产品优势区的评估［J］．中国农村经济，2024，（10）：132-152.

[36] 年猛．农业产业集聚：文献综述及其引申［J］．生态经济，2018，34（5）：93-98.

[37] 路江涌，陶志刚．我国制造业区域集聚程度决定因素的研究［J］．经济学（季刊），2007（3）：801-816.

[38] Rostow W W. The stages of economic growth：a non-communist manifesto［M］.

[39] Humphrey J，Schmitz H. How does insetion in global value chains affect upgrading in industrial clusters?［J］．Regional Studies，2002，36（9）：1017-1027.

[40] Sydow J，Lerch F，Staber U. Planning for path dependence? The case of a network in the berlin-brandenburg optics cluster［J］．Economic Geography，2010，86（2）：173-195.

[41] Chunyu C. Analysis of the development path and model for Japanese characteristic agriculture［J］．Geographical Research Bulletin，2022，1（0）：85-92.

[42] Mizobe T，Kuchiki A. Application of flowchart approach model to agro-food pro-

cessing industry cluster: case of nacala corridor region in mozambique [J]. Journal of Agricultural Development Studies 2011, 22 (1): 1-11.

[43] Haggett P. Locational analysisi in human geography [C]. 1967.

[44] Krugman P. Increasing returns and economic geography [J]. National Bureau of Economic Research Working Paper Series, 1990, 99 (3): 3275.

[45] Ellison G, Edward L. glaeser. Geographic concentration in U. S. manufacturing industriesra dartboard approach [J], Journal of Political Economy, 1997 - 1905 (5): 889-927.

[46] Rains G, Fei JC. A theory of economic development [J]. The American Economic Review, 1961, 533-565.

[47] Funnell D C. Urban - Rural linkages: research themes and directions [J]. Geograflska Annaler: Series B, Human Geography, 1988, 70 (2): 267-274.

[48] Lynch K. Rural-Urban interaction in the developing world [C]. 2004.

[49] Chen K, Long H, Liao L, et al. Land use transitions and urban-rural integrated development: Theoretical framework and China 5 s evidence [J]. Land Use Policy, 2020, 92: 104465.

[50] Seal E, Coping stategies of urban and rural welfare organisations and the regulation of the poor [J]. New Political Economy, 2013, 18 (2): 141-170.

[51] Zarifa D, Seward B, Millian R P, et al. Location, location: Examining the rural-urban skills gap in Canada [J]. Journal of Rural Studies, 2019, 72: 252-263.

[52] Boudet F, Macdonald G K, Robinson B E. Rural-urban connectivity and agricultural and managment across the Global South [J]. Global Environmental Change? 2020. 60: 101982.

[53] Baier N, Pieper J, Schweikart J, et al. Capturing modelled and perceived spatial access to ambulatory health care services in rural and urban areas in Germany [J]. Social Science&Medicine, 2020, 265: 113328.

[54] Herfindahl O C. Comment on Rosenbluth' s measures of concentration, business concentration and price policy [M]. Princeton: Princeton University Press, 1955.

[55] Haggett P. Scale components in geographical problems [M]. London: Methuen, 1965.

[57] Krugman P. The move toward free trade zones [J]. Economic Review, 1991, 76

(6): 5-25.

[58] Midelfart-Knarvik K H, Overman H G, Redding S J, et al. The location of European industry [R]. Brussels: Directorate-General for Economic and Financial Affairs, European Commission, 2000.

[59] Ellison G, Glaeser E L. Geographic concentration in U. S. manufacturing industries: A dartboard approach [J]. Journal of Political Economy, 1997, 105 (5): 889-927.

[60] Maurel F, Sédillot B. A measure of the geographic concentration in French manufacturing industries [J]. Regional Science and Urban Economics, 1999, 29 (5): 575-604.

[61] Marcon E, Puech F. Evaluating the geographic concentration of industries using distance-based methods [J]. Journal of Economic Geography, 2003, 3 (4): 409-428.

[62] Ellison G, Glaeser E L. Geographic concentration in U. S. manufacturing industries: A dartboard approach [J]. Journal of Political Economy, 1997, 105 (5): 889-927.

[63] Hoover E M. The measurement of industrial localization [J]. The Review of Economic Statistics, 1936, 18 (4): 162-171.

[64] Flegg A T, Webber C D. Regional size, regional specialization and the FLQ formula [J]. Reginonal Studies, 2000, 34 (6): 563-569.